AIRE

52

I0001928

F 3416

LES CRIMES CÉLÈBRES.

A LA MÊME LIBRAIRIE.

———◆◇◆———

MADAME DE BAWR.

Édition format Charpentier à 3 fr. le volume.

Nouvelles contenant : LOUISE, MICHEL PERRIN, UNE RÉJOUIS-
SANCE EN 1770, LA MÈRE NACQUART, ROSE ET THÉRÈSE, LE SCHELLING,
MARIA ROSA, 1 vol. . . . . 3 fr.

Ces nouvelles sont, par le charme du récit, à la hauteur des Nouvelles gene-
voises.   L'ÉDITEUR.

Robertine, nouvelle édition , 1 vol. . . . . . . 3 fr.
Raoul, ou l'Enéide, nouvelle édit. 1 vol . . . . . 3 fr.
Mes Souvenirs (*inédits*) 1 vol. . . . . 3 fr.
Soirées des Jeunes Personnes. 1 vol. . . . 3 fr.

Ouvrage couronné par l'Académie Française.

CYPRIEN ROBERT.

Professeur de littérature Slave au Collége de France.

Les Slaves de Turquie, Serbes, Monténégrins, Bosniaques,
Albanais et Bulgares ; édition de 1844 , précédée d'une introduction
nouvelle sur leur situation pendant et depuis leurs insurrections de
1849 à 1851. Paris, 1852, 2 vol. in-8. . . . . . . 10 fr.

Cet ouvrage est l'un des meilleurs qui existent sur la question d'Orient. Fruit
d'un séjour de plusieurs années dans la Turquie d'Europe, il a pour but de faire
connaître les huit millions de montagnards qui couvrent les balkans de l'A-
driatique à la mer Noire.

Le Monde Slave, Russe, Polonais, Bohème et Illyrien ; son
passé, son état présent et son avenir. 2 vol. in-8. . . . 10 fr.
La Pologne, 1 vol. in-4. . . . . 5 fr.

M. BOITARD.

Collaborateur du Musée des Familles.

**Guide-Manuel de la bonne Compagnie, du bon
Ton et de la Politesse**. 1 vol. petit in-8 nouveau produisant
le format Charpentier. . . . . 3 fr.
Les Vingt-Six Infortunes de Pierrot. 1 vol. format
Charpentier. . . . . 3 fr.

Ouvrage de bonne et fine plaisanterie, qui excite l'hilarité depuis la première
jusqu'à la dernière page, et qui devra avoir sa place dans toutes les bibliothèques,
à côté de *Jérôme Paturot*.

WASHINGTON IRVING.

Esquisses morales et littéraires, ou Observations sur
les mœurs, les usages et la littérature des Anglais et des Américains.
2 vol. in-8°. . . . . 8 fr.

NOTA. Il ne reste plus que des exemplaires d'occasion, reliés ou brochés.

Impr. de E. Dépée, à Sceaux.

(C.)

LES CRIMES CÉLÈBRES.

LES

BORGIA

PAR

ALEXANDRE DUMAS.

BIBLIOTHÈQUE IMPÉRIALE
IMPR.

1.

PARIS

PASSARD, LIBRAIRE-ÉDITEUR,

7, RUE DES GRANDS-AUGUSTINS.

1854

LES BORGIA.

Le 8 avril 1492, dans une chambre à
coucher du palais de Carreggi, située à une
lieue à peu près de Florence, trois hommes étaient groupés autour d'un lit où ago-
nisait un quatrième.

Le premier de ces trois hommes, qui
était assis au pied de la couche mortuaire,
et à moitié enveloppé dans les rideaux de
brocart d'or, afin de cacher ses larmes,

était Ermolao Barbaro , l'auteur du traité *du Célibat*, et des *Etudes sur Pline*, qui, l'année précédente , étant à Rome en qualité d'ambassadeur de la république de Florence, avait été nommé patriarche d'Aquilée par Innocent VIII.

Le second , qui était agenouillé , et qui tenait une main du mourant entre les siennes , était Ange Politien , le Catulle du quinzième siècle , esprit antique et fleuri , et qu'on eût pris à ses vers latins pour un poète du temps d'Auguste.

Enfin, le troisième qui était debout, appuyé contre une des colonnes torses du chevet , et qui suivait avec une profonde mélancolie les progrès du mal sur le visage du moribond, était le fameux Pic de la Mirandole, qui à l'âge de vingt ans parlait vingt-deux langues, et qui offrait de répondre dans chacune d'elles à sept cents questions qui lui seraient faites par les vingt hommes les plus instruits du monde entier, si l'on pouvait les réunir à Florence.

Quant au mourant, c'était Laurent le Magnifique, qui, atteint depuis le commencement de l'année d'une fièvre âcre et profonde, à laquelle s'était jointe la goutte, maladie héréditaire dans sa famille, et voyant enfin que les boissons de perles dissoutes que lui faisait prendre le charlatan

Leoni de Spolète, comme s'il eût voulu
proportionner ses remèdes à la richesse
plutôt qu'aux besoins du malade, étaient
inutiles et impuissantes, avait compris qu'il
lui fallait quitter ses femmes aux tendres
paroles, ses poètes aux doux chants, ses
palais aux riches tentures, et avait fait demander, pour lui donner l'absolution de
ses péchés, que chez un homme moins
haut placé on eût peut-être appelés des
crimes, le dominicain Jérôme-François
Savonarole.

Au reste, ce n'était pas sans une crainte
intérieure, contre laquelle étaient impuissantes les louanges de ses amis, que le vo-
luptueux usurpateur attendait le prédica-

teur sombre et sévère dont la parole re-
muait Florence, et sur le pardon duquel
reposait désormais tout son espoir d'un autre monde. En effet, Savonarole était un de
ces hommes de marbre, qui, pareils à la
statue du commandeur, viennent frapper à
la porte des voluptuéux au milieu de leurs
fêtes et de leurs orgies, pour leur dire
qu'il est cependant bien l'heure qu'ils com-
mencent de penser au ciel. Né à Ferrare,
où sa famille, l'une des plus illustres de
Padoue, avait été appelée par le marquis
Nicolas d'Est, il s'était, à l'âge de vingt-
trois ans, emporté par une vocation irré-
sistible, enfui de la maison paternelle, et
avait fait profession dans le cloître des re-

ligieux dominicains de Florence. Là, destiné par ses supérieurs à donner des leçons
de philosophie, le jeune novice avait eu à
lutter tout d'abord contre les défauts d'un
organe faible et dur, contre une pronon-
ciation défectueuse, et surtout contre l'a-
battement de ses forces physiques, épuisées par une abstinence trop sévère.

Savonarole se condamna dès lors à la
retraite la plus absolue, et disparut dans
les profondeurs de son convent, comme si
la pierre de la tombe était déjà retombée
sur lui. Là, agenouillé sur les dalles, priant
sans cesse devant un crucifix de bois,
exalté par les veilles et par les pénitences,

il passa bientôt de la contemplation à l'extase et commença de sentir en lui même cette impulsion secrète et prophétique qui l'appelait à prêcher la réformation de l'Eglise.

Cependant la réformation de Savonarole, plus respectueuse que celle de Luther, qu'elle précédait de vingt-cinq ans à peu près, respectait les choses tout en attaquant les hommes, et avait pour but de changer les dogmes humains, mais non la foi divine. Il ne procédait pas, comme le moine allemand, par la raison, mais par l'enthousiasme. La logique chez lui cédait toujours à l'inspiration; ce n'était pas un théologien, c'était un prophète.

Néanmoins son front, courbé jusque-là devant l'autorité de l'Eglise, s'était déjà relevé devant la puissance temporelle. La religion et la liberté lui paraissaient deux vierges également saintes; de sorte que dans son esprit Laurent lui semblait aussi coupable en asservissant l'une que le pape Innocent VIII en déshonorant l'autre. Il en résultait que, tant que Laurent avait vécu riche, heureux et magnifique, Savonarole n'avait jamais voulu, quelques instances qui lui eussent était faites, sanctionner par sa présence un pouvoir qu'il regardait comme illégitime. Mais Laurent au lit de mort le faisait appeler, c'était autre chose. L'austère prédicateur s'était aussitôt mis en route, les pieds et la tête nus, espérant sauver non-seulement l'âme du moribond, mais encore la liberté de la république.

Laurent, comme nous l'avons dit, attendait l'arrivée de Savonarole avec une impatience mêlée d'inquiétude; de sorte que, lorsqu'il entendit le bruit de ses pas, son visage pâle prit une teinte plus cadavéreuse encore, tandis qu'en même temps il se soulevait sur le coude, ordonnant par un geste à ses trois amis de s'éloigner. Ceux-ci obéirent aussitôt, et à peine étaient-ils sortis par une porte, que la portière de l'autre se souleva, et que le moine, pâle, immobile et grave, apparut sur le seuil. En l'apercevant, Laurent de Médicis, lisant sur son front de marbre l'inflexibilité d'une statue, retomba sur son lit en poussant un soupir si profond, que l'on eût pu croire que c'était le dernier.

Le moine jeta un coup d'œil autour de l'appartement, comme pour s'assurer qu'il était bien seul avec le mourant ; puis il s'avança d'un pas lent et solennel vers le lit. Laurent le regarda s'approcher avec terreur, puis quand il fut à ses côtés :

— O mon père, j'étais un bien grand pécheur ! s'écria-t-il.

— La miséricorde de Dieu est infinie,

répondit le moine, et je suis chargé de la miséricorde divine vis à vis de toi.

— Vous croyez donc que Dieu me pardonnera mes péchés? s'écria le mourant, se reprenant à l'espoir en entendant des paroles si inattendues sortir de la bouche du moine.

— Tes péchés et tes crimes, Dieu te pardonnera tout, répondit Savonarole. Dieu te pardonnera tes plaisirs frivoles, tes voluptés adultères, tes fêtes obscènes : voilà pour les péchés. Dieu te pardonnera d'avoir promis deux mille florins de récompense à qui t'apporterait la tête de Dietisalvi, de Nerone Nigi, d'Angelo Antinori, de Nicolo Soderini, et le double à qui te les livrerait vivants; Dieu te pardonnera d'avoir fait mourir sur l'échafaud ou sur le gibet le fils de Papi Orlandi, Francesco de Brisighella, Bernado Nardi, Jacob Fresco-baldi, Amoretto Baldovinetti, Pierre Bal-ducci, Bernado de Baudino, Francesco Frescobaldi, et plus de trois cents autres dont les noms, pour être moins célèbres que ceux-ci, n'en étaient pas moins des noms chers à Florence : voilà pour les crimes. — Et à chacun de ces noms, que Savonarole prononça lentement, les yeux fixé sur le moribond, celui-ci répondit par un gémissement qui prouvait que la mémoire du moine n'était que trop fidèle.

Puis enfin; lorsqu'il eut fini :

— Et vous croyez, mon père, répondit Laurent avec l'accent du doute, que, péchés et crimes, Dieu me pardonnera tout?

— Tout, dit Savonarole, mais à trois conditions.

— Lesquelles ? demanda le mourant.

— La première, dit Savonarole, c'est que tu sentiras une foi entière dans la puissance et dans la miséricorde de Dieu.

— Mon père, répondit Laurent avec vivacité, je sens cette foi dans le plus profond de mon cœur.

— La seconde, dit Savonarole, c'est que tu rendras la propriété d'autrui que tu as injustement confisquée et retenue.

— Mon père, en aurai-je le temps ? demanda le moribond.

— Dieu te le donnera, répondit le moine.

Laurent ferma les yeux comme pour réfléchir plus à l'aise ; puis après un instant de silence :

— Oui, mon père, je le ferai, répondit-il.

— La troisième, reprit Savonarole, c'est que tu rendras à la république son ancienne indépendance et son antique liberté.

Laurent se dressa sur son lit, soulevé par un mouvement convulsif, interrogeant des yeux les yeux du dominicain, comme pour savoir s'il ne s'était pas trompé et s'il avait bien entendu. Savonarole répéta les mêmes paroles.

— Jamais ! jamais ! s'écria Laurent en retombant sur son lit et en secouant la tête... Jamais !

Le moine, sans répondre une seule parole, fit un pas pour se retirer.

—Mon père ! mon père ! dit le moribond,
ne vous éloignez pas ainsi : ayez pitié de
moi !

— Aie pitié de Florence, dit le moine.

—Mais mon père, s'écria Laurent, Florence est libre, Florence est heureuse.

— Florence est esclave, Florence est
pauvre, s'écrie Savonarole : pauvre de génie, pauvre d'argent, et pauvre de courage. Pauvre de génie, parce qu'après toi,
Laurent, viendra ton fils Pierre ; pauvre
d'argent, parce que des deniers de la république tu as soutenu la magnificence de
ta famille et le crédit de tes comptoirs ;
pauvre de courage, parce que tu as enlevé

aux magistrats légitimes l'autorité que leur donnait la constitution, et détourné tes concitoyens de la double voie militaire et civile dans laquelle, avant que tu ne les eusses amollis par ton luxe, ils avaient déployé des vertus antiques : de sorte que, lorsque le jour se lèvera, qui n'est pas loin, continua le moine, les yeux fixes et ardents comme s'il lisait dans l'avenir, où les barbares descendront des montagnes, les murailles de nos villes, pareilles à celles de Jéricho, tomberont au seul bruit de leurs trompettes.

— Et vous voulez que je me dessaisisse au lit de mort de cette puissance qui a fait

la gloire de toute ma vie ! s'écria Laurent
de Médicis.

— Ce n'est pas moi qui le veux, c'est le
Seigneur, répondit froidement Savonarole.

— Impossible ! impossible ! murmura
Laurent.

— Êh bien ! meurs donc comme tu as
vécu ! s'écria le moine, au milieu de tes
courtisans et de tes flatteurs, et qu'ils per-
dent ton âme comme ils ont perdu ton
corps !

Et à ces mots, le dominicain austère,
sans écouter les cris du moribond, sortit

de la chambre avec le même visage et du
même pas qu'il y était entré , tant il semblait, esprit déjà détaché de la terre, pla-
ner au-dessus des choses humaines.

Au cri que poussa Laurent de Médicis
en le voyant disparaître, Ermolao, Politien
et Pic de la Mirandole , qui avaient tout
entendu, rentrèrent dans la chambre , et
trouvèrent leur ami serrant convulsive-
ment entre ses bras un crucifix magnifique
qu'il venait d'arracher du chevet de son
lit. En vain essayèrent-ils de le rassurer
par des paroles amies : Laurent le Magnifique ne leur répondit que par ses sanglots ;
et une heure après la scène que nous ve-

nons de raconter , les lèvres collées aux
pieds du Christ, il expira entre les bras de
ces trois hommes, dont le plus privilégié ,
quoiqu'ils fussent jeunes tous trois, ne devait pas lui survivre plus de deux ans.

— Comme sa perte devait entraîner
beaucoup de calamités, le ciel, — dit Nicolas Machiavel , — en voulut donner des
présages trop certains : la foudre tomba
sur le dôme de l'église de Santa-Reparata,
et Roderic Borgia fut nommé pape.

————

Vers la fin du quinzième siècle , c'est-à-
dire à l'époque où s'ouvre ce récit, la place

de Saint-Pierre de Rome était loin d'offrir l'aspect grandiose sous lequel elle se présente de nos jours à ceux qui y arrivent par la place *dei Rusticucci*.

En effet, la basilique de Constantin n'existait plus, et celle de Michel-Ange, chef-d'œuvre de trente papes, travail de trois siècles, et dépense de deux cent soixante milions, n'existait pas encore. L'ancien édifice, qui avait duré onze cent quarante-cinq ans, avait menacé ruine vers 1440, et Nicolas V, ce précurseur artistique de Jules II et de Léon X, l'avait fait démolir, ainsi que le temple de Probus Anicius qui y attenait, et avait fait jeter à leur place, par les architectes Rosselini et Baptiste Alberti, les fondations d'un nouveau temple ; mais quelques années après Nicolas V étant mort, et le Vénitien Paul II n'ayant pu donner que cinq mille écus pour continuer le projet de son prédécesseur, le monument s'arrêta à peine sorti de terre, et offrit l'aspect d'un édifice mortné, aspect plus triste encore que celui d'une ruine.

Quand à la place elle-même, elle n'avait encore, comme on le comprend bien par l'explication que nous venons de donner, ni sa belle colonnade du Bernin, ni ses fontaines jaillissantes, ni son obélisque égyptien, qui, au dire de Pline, fut élevé par le

Pharaon Nuncoré dans la ville d'Héliopolis, et transporté à Rome par Caligula, qui le plaça dans le cirque de Néron, où il resta jusqu'en 1586 : or, comme le cirque de Néron était situé sur le terrain même où s'élève aujourd'hui Saint-Pierre , et que cet obélisque couvrait de sa base la place où est la sacristie actuelle , on le voyait comme une aiguille gigantesque s'élancer au milieu des colonnes tronquées des murs inégaux et des pierres à moitié taillées.

— A droite de cette ruine au berceau , s'élevait le Vatican, splendide tour de Babel, à laquelle tous les architectes célèbres de l'école romaine ont travaillé depuis mille ans ; il n'avait point encore à cette époque ses deux magnifiques chapelles, ses douzes grandes salles, ses vingt-deux cours, ses trente escaliers et ses deux milles chambres ; car le pape Sixte-Quint, ce sublime gardeur de pourceaux, qui en cinq ans de règne a fait tant de choses, n'avait pu encore y faire ajouter l'édifice immense qui, du côté oriental, domine la cour de Saint-Damase ; mais c'était déjà le vieux et saint palais aux antiques souvenirs, dans lequel Charlemagne reçut l'hospitalité lorsqu'il se fit couronner empereur par le pape Léon III.

Au reste, le 9 août 1492, Rome toute en-

tière, depuis la porte du Peuple jusqu'au
Colysée, et depuis les Thermes de Dioclé-
tin jusqu'au château Saint-Ange, semblait
s'être donné rendez-vous sur cette place :
la multitude qui l'encombrait était si grande , qu'elle refluait dans toutes les rues
environnantes , se rattachant au centre
comme les rayons d'une étoile, et qu'on
la voyait, pareille à un tapis mouvant et
bariolé, monter dans la basilique , se
grouper sur les pierres, se suspendre aux
colonnes, s'étager sur les murs, entrer par
les portes des maisons et reparaître à leurs
croisées, si nombreuse et si pressée, qu'on
eût dit que chaque fenêtre était murée
avec des têtes. Or toute cette multitude

avait, les yeux fixés sur un seul point du
Vatican, car le Vatican renfermait le conclave, et comme Innocent VIII était mort
depuis seize jours, le conclave était en
train d'élire un pape.

Rome est la ville des élections : depuis
sa fondation jusqu'à nos jours, c'est-à-dire
pendant l'espace de vingt-six siècles à peu
près, elle a constamment élu ses rois, ses
consuls, ses tribuns, ses empereurs et ses
papes : aussi Rome pendant les jours de
conclave semble-t-elle atteinte d'une fièvre étrange, qui pousse chacun vers le
Vatican ou vers Monte - Cavallo, selon
que l'assemblée écarlate se tient dans

l'un ou l'autre de ces deux palais : c'est qu'en effet l'exaltation d'un nouveau pontife est une grande affaire pour tout le monde ; car, comme d'après la moyenne établie depuis saint Pierre jusqu'à Grégoire XVI, chaque pape dure à peu près huit ans, ces huit ans sont, selon le caractère de celui qui est élu, une période de tranquillité ou de désordre, de justice ou de vénalité, de paix ou de guerre.

Or, jamais peut-être, depuis le jour où le premier successeur de saint Pierre s'assit au trône pontifical, jusqu'à l'interrègne où l'on était arrivé, l'inquiétude ne s'était manifestée aussi grande qu'elle l'était au

moment où nous avons montré tout ce
peuple se pressant sur la place Saint-
Pierre et dans les rues qui y conduisaient.
Il est vrai que ce n'était pas sans raison,
car Innocent VIII, que l'on appelait le
père de son peuple parce qu'il avait augmenté le nombre de ses sujets de huit fils
et d'autant de filles, après avoir passé sa
vie dans la volupté, venait, comme nous
l'avons dit, de mourir, à la suite d'une ago-
nie pendant laquelle, s'il faut en croire le
journal de Stefano Infessura, deux cent
vingt meurtres avaient été commis dans
les rues de Rome. Le pouvoir était donc
échu comme d'habitude au cardinal camerlingue, qui devient souverain dans

l'interrègne ; mais comme celui-ci avait dû remplir tous les devoirs de sa charge, c'est-à-dire faire battre monnaie à son nom et à ses armes, ôter l'anneau du pêcheur du doigt du pape mort, habiller, raser, farder et faire embaumer le cadavre, descendre après les neufs jours d'obsèques le cercueil dans la niche provisoire où doit se tenir le dernier pape trépassé jusqu'à ce que son successeur vienne y prendre sa place et de le renvoyer dans sa tombe définitive ; enfin, comme il lui avait fallu murer la porte du conclave et la fenêtre du balcon où l'on proclame l'élection pontificale, il n'avait pas eu un seul moment pour s'occuper de la police ; de sorte que les as-

sassinats avaient continué de plus belle,
et que l'on appelait à grands cris une main
énergique qui fît rentrer dans le fourreau
toutes ces épées et tous ces poignards.

Les yeux de cette multitude étaient
donc fixés, comme nous l'avons dit, sur le
Vatican, et particulièrement sur une cheminée de laquelle devait partir le premier
signal, quand tout à coup, au moment de
l'*Ave Maria*, c'est-à-dire à l'heure où le
jour commence à s'éteindre, de grands cris
mêlés d'éclats de rire s'élevèrent de toute
cette foule, murmure discordant de menaces et de railleries : c'est qu'on venait
d'apercevoir au sommet de la cheminée

une petite fumée qui semblait, comme un léger nuage, monter perpendiculairement dans le ciel. Cette fumée annonçait que Rome était toujours sans maître, et que le monde n'avait pas encore de pape : car cette fumée était celle des billets de scrutin que l'on brûlait ; preuve que les cardinaux n'étaient point tombés d'accord.

A peine cette fumée eut-elle paru, pour se dissiper presque aussitôt, que tout ce peuple innombrable, sachant bien qu'il n'avait plus rien à attendre, et que tout était dit jusqu'au lendemain dix heures du matin, moment auquel les cardinaux faisaient leur premier tirage, se retira tumul-

tueux et railleur, comme après la dernière
fusée d'un feu d'artifice; si bien qu'au
bout d'un instant il ne resta plus là, où un
quart-d'heure auparavant s'agitait tout un
monde, que quelques curieux attardés,
qui, demeurant dans les environs ou sur
la place même, étaient moins pressés que
les autres de regagner leur logis; encore
peu à peu les derniers groupes diminuè-
rent-ils insensiblement; car neuf heures
et demie venaient de sonner, et à cette
heure déjà les rues de Rome commençaient à n'être point sûres; puis à ces
groupes succéda quelque passant solitaire
et hâtant le pas; les portes se fermèrent
successivement, les fenêtres s'éteignirent

les unes après les autres ; enfin, comme dix heures sonnaient, à l'exception d'une des croisées du Vatican, où l'on voyait veiller une lampe obstinée, maisons, places et rues, tout était tombé dans la plus profonde obscurité.

En ce moment, un homme enveloppé d'un manteau se dressa comme une ombre contre une des colonnes de la basilique inachevée, et, se glissant lentement et avec précaution entre les pierres gisantes autour des fondations du nouveau temple, s'avança jusques auprès de la fontaine qui formait le centre de la place, et qui s'élevait à l'endroit même où est dressé au-

jourd'hui l'obélisque dont nous avons déjà
parlé ; arrivé là, il s'arrêta, doublement
caché par l'obscurité de la nuit et par l'ombre du monument, et après avoir regardé
autour de lui pour voir s'il était bien seul,
il tira son épée, et frappant trois fois de sa
pointe le pavé de la place, il en fit jaillir
chaque fois des étincelles. Ce signal, car
c'en était un, ne fut point perdu ; la dernière lampe qui veillait encore au Vatican
s'éteignit, et au même instant un objet
lancé par la fenêtre tomba à quelques pas
de l'homme au manteau, qui, guidé par le
son argentin qu'il avait rendu en touchant
les dalles, ne tarda point à mettre la
main dessus malgré les ténèbres, et dès

qu'il l'eut en sa possession s'éloigna rapidement.

L'inconnu marcha ainsi et sans se retourner jusqu'à la moitié de Borgo-Vec-
chio ; mais là, ayant tourné à droite et
pris une rue à l'autre extrémité de laquelle
était une madone avec sa lampe, il s'ap-
procha de la lumière, et tira de sa poche
l'objet qu'il avait ramassé, et qui n'était
rien autre chose qu'un écu romain ; seulement cet écu se dévissait, et dans une
cavité pratiquée dans son épaisseur renfermait une lettre, que celui à qui elle était
adressée, commença de lire au risque d'ê-
tre reconnu, tant il avait hâte de savoir ce
qu'elle contenait.

Nous disons au risque d'être reconnu, car dans son empressement le correspondant nocturne avait rejeté le capuchon de son manteau en arrière, et comme sa tête était tout entière dans le cercle lumineux projeté par la lampe, il était facile de distinguer à la lumière un beau jeune homme de vingt-cinq à vingt-six ans à peu près, vêtu d'un justaucorps violet ouvert aux épaules et aux coudes pour laisser sortir la chemise, et coiffé d'une toque de la même couleur dont la longue plume noire retombait jusque sur son épaule. Il est vrai que la station ne fut pas longue ; car à peine eut-il achevé la lettre ou plutôt le billet qu'il venait de recevoir d'une manière si

mystérieuse et si étrange, qu'il le replaça
dans son portefeuille d'argent, et que, ra-
justant son manteau de manière à s'en voi-
ler tout le bas de la figure, il reprit sa route
d'un pas rapide, traversa Borgo-San-Spi-
rito et prit la rue della Longara, qu'il sui-
vit jusqu'au-dessus de l'église de Regina-
Cœli. Arrivé à cet endroit, il frappa rapi-
ment trois coups à la porte d'une maison
de belle apparence, qui s'ouvrit aussitôt ;
montant lestement l'escalier, il entra dans
une chambre, où l'attendaient deux femmes avec une impatience si visible, que
toutes deux en l'apercevant s'écrièrent en-
semble :

— Eh bien ! Francesco quelles nouvelles ?

— Bonnes, ma mère, bonnes, ma sœur,
répondit le jeune homme en embrassant
l'une et en tendant la main à l'autre : notre
père a gagné trois voix aujourd'hui ; mais
il lui en manque encore six pour avoir la
majorité.

— N'y a-t-il donc pas moyen de les acheter ? s'écria la plus âgée des deux femmes,
tandis que l'autre, à défaut de la parole,
interrogeait du regard.

— Si fait, ma mère, si fait, répondit le
jeune homme, et c'est bien à quoi mon
père a pensé. Il donne au cardinal Orsini

son palais de Rome avec ses deux châteaux de Monticello et de Soriano ; il donne au cardinal Colonna son abbaye de Subiaco ; il donne au cardinal de Saint-Ange l'évêché de Porto avec son mobilier et sa cave, au cardinal de Parme la ville de Nepi, au cardinal de Gênes l'église de Santa-Maria-in-via-Lata, et enfin au cardinal Savelli l'église de Sainte-Marie-Majeure et la ville de Civita-Castellana; quant au cardinal Ascanio Sforza, il sait déjà que nous avons envoyé avant-hier chez lui quatre mulets chargés d'argent et de vaisselle, et sur cet argent il s'est engagé à donner cinq mille ducats au cardinal patriarche de Venise.

— Mais comment ferons-nous connaître aux autres les intentions de Roderic ? demanda la plus âgée des deux femmes.

— Mon père a tout prévu, et nous ouvre un moyen facile : vous savez, ma mère, avec quel cérémonial on porte le dîner des cardinaux.

— Oui, sur un brancard, dans un grand panier aux armes de celui à qui le repas est destiné.

— Mon père a acheté l'évêque qui le visite ; c'est demain jour gras : on enverra aux cardinaux Orsini, Colonna, Savelli, de Saint-Ange, de Parme et de Gênes, des poulets pour rôti, et chaque poulet contiendra une donation en bonne forme, faite par moi au nom de mon père, des maisons, palais ou églises qui leur sont destinés.

— A merveille, dit la plus âgée des deux femmes : maintenant, j'en suis sûre, tout ira bien.

— Et, par la grâce de Dieu, répondit la plus jeune avec un sourire étrangement railleur, notre père sera pape.

— Oh ! ce sera un beau jour pour nous ! s'écria François.

— Et pour la chrétienté, répondit sa sœur avec une expression plus ironique encore.

— Lucrèce, Lucrèce, dit la mère, tu ne mérites pas le bonheur qui nous arrive.

— Qu'importe, puisqu'il vient tout de même ? D'ailleurs, vous connaissez le proverbe, ma mère : Les nombreuses familles sont bénies du Seigneur : à plus forte raison, la nôtre, qui a tant de ressemblance avec celle des patriarches.

Et en même temps elle jeta à son frère un regard d'une telle lasciveté, que le jeune homme en rougit ; mais comme pour le moment il avait à penser à autre chose qu'à ses amours incestueuses, il ordonna de réveiller quatre domestiques ; et tandis

que ceux-ci s'armaient pour l'accompagner, il rédigea et signa les six donations
qui devaient le lendemain être envoyées
aux cardinaux ; car, ne voulant pas être
vu chez eux, il comptait profiter de la nuit
pour les remettre lui-même aux différentes
personnes de confiance qui devaient les
leur faire passer, ainsi qu'il avait été convenu, à l'heure du dîner. Puis, lorsque les
donations furent en bon ordre et les serviteurs prêts, François sortit avec eux,
laissant les deux femmes faire des rêves
dorés sur leur grandeur future.

Dès le point du jour, le peuple se préci-
pita de nouveau, aussi ardent et aussi em-

pressé que la veille, sur la place du Vatican, où, au moment accoutumé, c'est-à-
dire à dix heures du matin, la fumée vint
encore, comme d'habitude, éveillant les
rires et les murmures, annoncer qu'aucun
des cardinaux n'avait réuni la majorité.
Cependant le bruit commençait à se répandre que les chances étaient réparties
sur trois candidats, qui étaient Roderic
Borgia, Julien de la Rovère et Ascanio
Sforza ; car le peuple ignorait encore la
circonstance des quatre mulets chargés de
vaisselle et d'argent qui avaient été conduits chez ce dernier, et moyennant lesquels il avait cédé ses voix à son concur-
rent. Au milieu de l'agitation qu'avait ex-

citée dans la foule cette déception nouvelle,
on entendit des chants religieux : c'était
une procession commandée par le cardinal camerlingue pour obtenir du ciel la
prompte élection d'un pape, et qui, partie
de l'église d'Ara-Cœli au Capitole, devait
faire des stations devant les principales
madones et dans les basiliques les plus fré-
quentées. Dès qu'on aperçut le crucifix
d'argent qui la précédait, le silence le plus
profond se rétablit, et chacun se mit à genoux; de sorte qu'un recueillement suprême succéda au tumulte et au bruit qui, quelques minutes auparavant, se faisait entendre, et qui à chaque fumée nouvelle pre-
nait un caractère plus menaçant. Aussi

beaucoup pensèrent-ils que la procession,
en même temps que son but religieux,
avait un but politique, et que son influence
devait être aussi grande sur la terre qu'au
ciel. En tout cas, si tel avait été le dessein
du cardinal camerlingue, il ne s'était pas
trompé, et l'effet produit fut tel qu'il le désirait : la procession passée, les rires et
les plaisanteries continuèrent; mais les
cris et les menaces avaient complétement
cessé.

Toute la journée s'écoula ainsi; car à
Rome personne ne travaille : on est cardinal ou laquais, et chacun vit on ne sait
comment. La foule était donc toujours des

plus nombreuses, lorsque, vers les deux heures de l'après-midi, une autre procession, mais qui avait, celle-là, le privilége de provoquer autant de bruit que l'autre commandait de silence, traversa à son tour la place Saint-Pierre : c'était la procession du dîner. Le peuple l'accueillit avec ses éclats de rire habituels, sans se douter, irrévérencieux qu'il était, qu'avec cette procession, plus efficace que la première, le nouveau papé venait de passer.

L'heure de l'*Avé Maria* vint comme la veille, mais, comme la veille, l'attente de toute la journée fut perdue, et, à huit heures et demie sonnant, la fumée quotidienne

reparut au sommet de la cheminée. Mais,
comme au même moment des bruits qui
venaient de l'intérieur du Vatican se ré-
pandirent, annonçant que, selon toute
probabilité, l'élection aurait lieu le lendemain, ce bon peuple prit patience. D'ailleurs il avait fait très chaud ce jour-là, et
il était si écrasé de fatigue et si brûlé par
le soleil, lui qui vit d'ombre et de paresse,
qu'il n'avait plus même la force de crier.

La journée du lendemain, qui était celle
du 11 août 1492, se leva orageuse et sombre; ce qui n'empêcha pas la multitude
d'encombrer places, rues, portes, maisons, basiliques. D'ailleurs cette disposi-

tion du temps était une véritable bénédiction du ciel ; car s'il y avait de la chaleur ,
du moins il n'y aurait pas de soleil.

Vers les neuf heures un orage terrible
s'amoncela sur tout le Transtevère ; mais
qu'importaient à cette foule pluie , éclairs
et foudre ? Elle était préoccupée d'un bien
autre soin , elle attendait son pape ; on le
lui avait promis pour ce jour-là, et l'on
pouvait voir aux dispositions de chacun
que, si la journée se passait sans qu'il y eût
élection, alors il pourrait bien y avoir
émeute : aussi , à mesure que l'heure s'a-
vançait , l'agitation devenait - elle plus
grande. Neuf heures, neuf heures et demie,

dix heures moins un quart sonnèrent sans
que rien vînt confirmer ou détruire ses
espérances ; enfin le premier coup de dix
heures se fit entendre : tous les yeux se
portèrent vers la cheminée ; dix heures
sonnèrent lentement, chaque coup reten-
tissant dans le cœur de la multitude. Enfin
le dixième coup vibra, puis s'évanouit
frémissant dans l'espace, et un grand cri
parti de cent mille poitrines à la fois succéda à ce silence. — *Non v'è fumo!* Il n'y
a pas de fumée !... — C'est-à-dire : Nous
avons un pape.

En ce moment la pluie commença de
tomber ; mais on ne fit point attention à

elle, tant étaient grands les transports de joie et d'impatience de tout ce peuple. Enfin une petite pierre se détacha de la fenêtre murée donnant sur le balcon, et vers laquelle tous les yeux étaient fixés : une acclamation générale accueillit sa chute ; peu à peu l'ouverture s'agrandit, et en peu de minutes elle fut assez large pour permettre à un homme de s'avancer sur le balcon.

Alors le cardinal Ascanio Sforza parut ; mais au moment où il allait sortir, effrayé par la pluie et les éclairs, il hésita un instant, et finit par reculer : aussitôt toute la multitude éclata à son tour comme une tempête, avec des cris, des imprécations, des hurlements, menaçant de démolir le Vatican et d'aller chercher elle-même son pape. A ce bruit, le cardinal Sforza, plus épouvanté de l'orage populaire que de l'orage céleste, s'avança sur le balcon, et entre deux coups de tonnerre, au moment d'un silence incompréhensible à qui venait d'entendre les rumeurs qui l'avaient précédé, il fit la proclamation suivante :

— Je vous annonce une grande joie : l'éminentissime et révérendissime seigneur Roderic Lenzuolo Borgia, archevêque de Valence, cardinal-diacre de San-

Nicolao-in-Carcere, vice-chancelier de l'E-
glise, vient d'être élu pape, et s'est imposé
le nom d'Alexandre VI.

La nouvelle de cette nomination fut accueillie avec une joie étrange. Roderic
Borgia avait la réputation d'un homme
dissolu, il est vrai, mais le libertinage
était monté sur le trône avec Sixte IV et
Innocent VIII ; de sorte qu'il n'y avait rien
de nouveau pour les Romains dans cette
singulière position d'un pape ayant une
maîtresse et cinq enfants. L'important
pour l'heure était que le pouvoir tombât
dans des mains fermes, et il était encore
plus important pour la tranquillité de

Rome que le nouveau pape héritât de l'é-
pée de saint Paul que des clefs de saint
Pierre.

Aussi, dans les fêtes qui furent données
en cette occasion, le caractère qui domine
est-il un caractère bien plus guerrier que
religieux, et semble-t-il plutôt appartenir
à la nomination d'un jeune conquérant
qu'à l'exaltation d'un vieux pontife : ce
n'étaient que jeux de mots et inscriptions
prophétiques sur le nom d'Alexandre, qui
pour la seconde fois semblait promettre
aux Romains l'empire du monde, et le
même soir, au milieu des illuminations
ardentes et des feux de joie, qui sem-

blaient faire de la ville un lac de flamme,
on lut, au milieu des acclamations de la
populace, l'inscription suivante :

Sous César autrefois, Rome par la victoire
Se fit reine chez elle et maîtresse en tout lieu :
Mais Alexandre encor fera plus pour sa gloire ;
César n'était qu'un homme, Alexandre est un Dieu.

Quant au nouveau pontife, à peine
avait-il rempli les formalités d'étiquette
que lui imposait son exaltation, et payé à
chacun le prix de sa simonie, qu'il jeta,
du haut du Vatican, les yeux sur l'Europe,
vaste échiquier politique qu'il avait l'espé-
rance de diriger au gré de son génie.

Le monde en était arrivé à une de ces
époques suprêmes où tout se transforme,

entre une période qui finit et une ère qui
commence : à l'orient la Turquie, au midi,
l'Espagne, à l'occident la France , au nord
l'Allemagne, allaient prendre, avec le titre
de grandes nations, cette influence qu'elles
devaient exercer dans l'avenir sur les
Etats secondaires. — Nous allons donc
jeter, avec Alexandre **VI**, un coup d'œil
rapide sur elles , et voir qu'elle était leur
situation respective à l'égard de l'Italie ,
qu'elles convoitaient toutes comme une
proie.

Constantin Paléologue Dragozès, assiégé
par trois cent mille Turcs, après avoir appelé en vain toute la chrétienté à son se-

cours, n'ayant pas voulu survivre à la
perte de son empire , avait été trouvé au
milieu des morts, près de la porte Topha-
na ; et le 30 mai 1453 Mahomet II avait
fait son entrée à Constantinople, où, après
un règne qui lui avait mérité le surnom de
Fatile, ou le vainqueur. Il était mort laissant deux fils , dont l'aîné était monté sur
le trône sous le nom de Bajazet II.

Cependant l'avénement du nouveau sultan ne s'était point accompli avec la tranquillité que son droit d'aînesse et le choix
de son père devaient lui promettre. D'jem,
son frère cadet, plus connu sous le nom
de Zizime, avait argué de ce qu'il était

porphyrogénète, c'est-à-dire né pendant
le règne de Mahomet, tandis que Bajazet,
antérieur à cette époque, n'était que le fils
d'un simple particulier. C'était une assez
mauvaise chicane; mais là où la force est
tout et où le droit n'est rien, elle était suf-
fisante pour soulever une guerre. Les
deux frères, chacun à la tête d'une armée,
se rencontrèrent donc en Asie en 1482;
D'jem fut défait après un combat de sept
heures, et poursuivi par son frère, qui ne
lui donna pas le temps de rallier son armée. Il fut obligé de s'embarquer en Cili-
cie, et se réfugia à Rhodes, où il implora
la protection des chevaliers de Saint-Jean,
qui, n'osant lui donner asile dans leur île

si proche de l'Asie, l'envoyèrent en
France, où ils le firent garder avec soin
dans une de leurs commanderies, malgré
les instances de Cait Bay, soudan d'Egypte,
lequel, s'étant révolté contre Bajazet désirait, pour donner à sa rébellion une apparence de guerre légitime, avoir le jeune
prince dans son armée. Même demande,
au reste, avait été faite successivement, et
dans un même but politique, par Mathias
Corvinus, roi de Hongrie, par Ferdinand,
roi d'Aragon et de Sicile, et par Ferdinand, roi de Naples.

De son côté, Bajazet, qui savait toute
l'importance d'un pareil rival, si une fois

il était allié soit de l'un, soit de l'autre des
princes avec lesquels il était en guerre,
avait envoyé des embasssadeurs à Charles
VIII, lui offrant, s'il s'engageait à retenir
D'jem auprès de lui, une pension considérable, et la souveraineté de la terre
sainte pour la France, dès que Jérusalem
serait conquise sur le soudan d'Égypte.
Le roi de France avait accepté.

Mais alors Innocent VIII était intervenu,
et avait réclamé D'jem à son tour, en apparence pour appuyer des droits du pros-
crit une croisade qu'il prêchait contre les
Turcs, mais en réalité pour toucher la
pension de quarante mille ducats due par

Bajazet à celui des princes chrétiens, quel qu'il fût, qui se chargeait d'être geôlier de son frère. Charles VIII n'avait point osé refuser au chef spirituel de la chrétienté une demande appuyée sur de si saintes raisons ; de sorte que D'jem avait quitté la France, accompagné du grand-maître d'Aubusson, sous la garde directe duquel il était, et qui, moyennant un chapeau de cardinal, avait consenti à céder son prisonnier. De sorte que, le 13 mars 1489, le malheureux jeune homme, point de mire de tant d'intérêts divers, fit son entrée solennelle à Rome, monté sur un superbe cheval, revêtu d'un magnifique costume d'Orient, entre, le prieur d'Au-

vergne, neveu du grand-maître d'Aubusson, et François Cibo, fils du pape.

Depuis cette époque, il y était resté, et
Bajazet, fidèle à des promesses qu'il avait
si grand intérêt à remplir, avait exacte-
ment payé au souverain pontife une pension de quarante mille ducats.

Voilà pour la Turquie.

Ferdinand et Isabelle régnaient en Espagne, et jetaient les fondements de cette
vaste puissance qui devait, vingt-cinq ans
plus tard, faire dire à Charles-Quint que le
soleil ne se couchait point sur ses Etats.
En effet, ces deux souverains, auxquels
l'histoire a conservé le nom de catholi-

ques , avaient conquis successivement presque toutes les Espagnes, et chassé les Maures de Grenade, leur dernier retranchement; tandis que deux hommes de génie, Barthélemy Diaz et Christophe Colomb, venaient, à leur profit, l'un de retrouver un monde perdu, l'autre de conquérir un monde ignoré. Ils avaient donc, grâce à leurs victoires dans l'ancien monde et à leurs découvertes dans le nouveau, acquis à la cour de Rome une influence dont n'avait joui aucun de leurs prédécesseurs.

Voilà pour l'Espagne.

En France, Charles VIII avait succédé,

le 30 août 1483, à son père Louis XI, qui,
à force d'éxécutions, lui avait fait un
royaume tranquille et tel qu'il convenait
à un enfant montant sur le trône sous la
régence d'une femme. Au reste régence
glorieuse, et qui avait contenu les prétentions des princes du sang et terminé
les guerres civiles, en réunissant à la couronne tout ce qui restait encore des grands
fiefs indépendants. Il en résultait qu'à
l'époque où nous sommes arrivés, Charles VIII, âgé de vingt-deux ans à peu près,
était, s'il faut en croire La Trémouille, —
un prince petit de corps et grand de
cœur; — s'il faut en croire Commines, —
un enfant ne faisant que sortir du nid,

dépourvu de sens et d'argent, faible de sa
personne, plein de son vouloir, et accompagné de fous plutôt que de sages gens ;
— enfin, s'il faut en croire Guicciardini,
qui, en sa qualité d'Italien, pourrait bien
en avoir porté un jugement un peu partial,
— un jeune homme peu intelligent des
actions humaines, et transporté par un
ardent désir de régner et d'acquérir de
la gloire, désir bien plus fondé sur sa
légèreté et sur son impétuosité que sur la
conscience de son génie ; ennemi de toute
fatigue et de toute affaire ; lorsqu'il
essayait d'y donner son attention, il se
montrait presque toujours dépourvu de
prudence et de jugement. Si quelque chose

paraissait en lui digne de louange au premier coup d'œil, en y regardant de plus
près, on trouvait que ce quelque chose
était encore moins éloigné du vice que de
la vertu. Il était libéral, il est vrai, mais
inconsidérément, sans mesure et sans
distinction. Il était quelquefois immuable
dans sa volonté, mais par obstination et
non par constance ; et ce que ses flatteurs
appelaient en lui bonté méritait bien
mieux le nom d'insensibilité aux injures
ou de faiblesse d'âme.

Quant à son portrait physique, s'il faut
en croire le même auteur, il était encore
moins avantageux, et répondait merveil-

leusement à cette faiblesse d'esprit et de caractère. — Il était petit, avait la tête grosse, le cou gros et court, la poitrine et les épaules larges et élevées, les cuisses et les jambes longues et grêles ; et comme avec cela son visage était laid, à l'exception de son regard, qui avait de la dignité et de la vigueur, et que tous ses membres étaient disproportionnés entre eux, il avait plutôt l'air d'un monstre que d'un homme.

Tel était celui dont la fortune devait faire un conquérant, et auquel le ciel réservait plus de gloire qu'il n'en pouvait porter.

Voilà pour la France.

L'empire était occupé par Frédéric III,
que l'on avait à bon droit appelé le Paci-
fique, par la raison, non pas qu'il avait
toujours maintenu la paix, mais qu'ayant
constamment été battu, il avait toujours
été contraint de la faire. La première
preuve qu'il avait donnée de cette longa-
nimité toute philosophique avait été pendant son voyage à Rome, où il se rendait
pour être sacré. En traversant les Apennins, il fut attaqué par des brigands, qui
le pillèrent, et contre lesquels il ne fit
aucune poursuite. Aussi, encouragés par
l'exemple et l'impunité des petits voleurs,

les grands s'en mêlèrent-ils bientôt. Amurat s'empara d'une partie de la Hongrie, Mathias Corvin prit la basse Autriche, et Frédéric se consola de ces envahissements en répétant cette maxime : *L'oubli est le remède des choses que l'on a perdues.* Au moment où nous en sommes arrivés, il venait, après un règne de cinquante-trois ans, de fiancer son fils Maximilien à Marie de Bourgogne, et de mettre au ban de l'empire son gendre Albert de Bavière, qui prétendait à la propriété du Tyrol. Il était donc trop occupé de ses affaires de famille pour pouvoir s'inquiéter de l'Italie. D'ailleurs, il était en train de chercher une devise à la maison d'Autriche, occupation des plus importantes pour un homme du caractère de Frédéric III. Enfin, cette devise, que devait presque réaliser Charles-Quint, fut trouvée, à la grande joie du vieil empereur, qui, jugeant qu'il n'avait plus rien à faire sur la terre après cette dernière preuve de sagacité, mourut le 19 août 1493, laissant l'empire à son fils Maximilien.

Cette devise était tout bonnement les cinq voyelles A E I O U, initiales de ces cinq mots :

AUSTRIÆ EST IMPERARE ORBI UNIVERSO.

Ce qui veut dire :

C'est le destin de l'Autriche de commander au monde entier.

Voilà pour l'Allemagne.

Maintenant que nous avons jeté les yeux sur les quatre nations qui tendaient, comme nous l'avons dit, à devenir des puissances européennes, ramenons nos regards sur les États secondaires qui formaient un cercle plus rapproché autour de Rome, et qui devaient, pour ainsi dire, servir d'armure à la reine spirituelle du monde, s'il plaisait à quelqu'un des géants politiques que nous avons décrits d'enjamber, pour venir l'attaquer, les mers ou les montagnes, le golfe Adriatique ou les Alpes, la Méditerranée ou les Apennins.

C'étaient le royaume de Naples, le duché de Milan, la magnifique république de Florence, ou la sérénissime république de Venise.

Le royaume de Naples était aux mains du vieux Ferdinand, dont la naissance était non-seulement illégitime, mais probablement même incestueuse. Son père, Alphonse d'Aragon, tenait sa couronne de Jeanne de Naples, qui l'avait adopté pour son successeur. Mais, comme, par crainte de manquer d'héritier, la reine à son lit de mort en avait nommé deux au lieu d'un, Alphonse eut à soutenir ses droits contre René. Les deux prétendants se disputèrent quelque temps la couronne.

Enfin, la maison d'Aragon l'emporta sur celle d'Anjou, et pendant l'année 1442, Alphonse s'affermit définitivement sur le trône. Ce sont les droits du prétendant expulsé que nous verrons Charles VIII réclamer bientôt.

Ferdinand n'avait ni la valeur ni le génie de son père, et cependant il triompha successivement de ses ennemis; il eut deux compétiteurs, qui tous deux lui étaient fort supérieurs en mérite. L'un était le comte de Viane, son neveu, qui, arguant de la naissance honteuse de son oncle, disposait de tout le parti aragonais; l'autre était le duc Jean de Calabre, qui disposait de tout le parti angevin. Cependant il les écarta tous les deux, et se maintint sur le trône, fort de sa prudence, qui allait souvent jusqu'à la duplicité. Il avait l'esprit cultivé, avait étudié les sciences, et surtout la législation. Il était d'une taille médiocre, avait la tête grande et belle, le front ouvert et admirablement encadrés dans de beaux cheveux blancs qui lui tombaient jusque sur les épaules. Enfin, quoiqu'il eût rarement exercé sa force physique par les armes, cette force était si grande, qu'un jour qu'il se trouvait sur la place du Marché-Neuf, à Naples, il saisit par la corne un taureau qui s'était échappé, et l'arrêta court, quelques efforts que celui-ci

tentât pour s'échapper de ses mains. Au
reste, l'élection d'Alexandre lui avait causé
une grande inquiétude, et, malgré sa prudence, il n'avait pu s'empêcher de dire devant celui qui lui avait apporté cette nouvelle que non-seulement il ne se réjouissait
pas de cette élection, mais encore qu'il ne
pensait pas qu'aucun chrétien pût s'en ré-
jouir, attendu que Borgia, ayant toujours
été un méchant homme, serait certaine-
ment un mauvais pontife. Au reste, ajouta-
t-il, ce choix fût-il excellent, et cette élection dût-elle plaire à tous les autres, elle
n'en serait pas moins fatale à la maison
d'Aragon, encore qu'il en soit né sujet, et
qu'il lui doive la source et les progrès de

sa fortune ; car là où entrent les raisons d'État, elles ont bientôt exilé les affections du sang et de la parenté, à plus forte raison par conséquent, les simples relations de sujet et d'obligé.

Ainsi qu'on le voit, Ferdinand jugeait Alexandre VI avec sa perspicacité habituelle ; ce qui ne l'empêcha pas, ainsi que nous le verrons bientôt, d'être le premier qui contracta alliance avec lui.

Le duché de Milan appartenait nominativement à Jean Galéas, petit-fils de François Sforza, qui s'en était emparé par violence, le 26 février 1450, et l'avait légué à Galéas Marie, son fils, père du jeune prince régnant : nous disons nominativement, parce que le véritable maître du Milanais était à cette heure, non pas l'héritier légitime, qui était censé le posséder, mais son oncle Ludovic, surnommé *il Moro,* à cause du mûrier qu'il portait dans ses armes. Exilé avec ses deux autres frères, Philippe, qui mourut empoisonné en 1479, et Ascagne, qui devint cardinal, il rentra dans Milan quelques jours après l'assassinat de Galéas Marie, qui eut lieu le 26 décembre 1476 dans la basilique de Saint-Étienne, et s'empara de la régence du jeune duc, qui n'avait alors que huit ans. Depuis cette époque, et quoique son neveu eût atteint l'âge de vingt-deux ans, Ludovic avait

continué de gouverner, et, selon toute probabilité, devait gouverner longtemps encore ; car quelques jours après avoir ma-
nifesté le désir de reprendre le pouvoir, le
pauvre jeune homme était tombé malade,
et l'on disait tout haut qu'il avait pris un
de ces poisons lents, mais mortels, dont
les princes de cette époque faisaient un
usage si fréquent, que, lors même qu'une
maladie était naturelle, on lui cherchait
toujours une cause que l'on pût rattacher
à quelque grand intérêt. Quoi qu'il en soit,
Ludovic avait relégué son neveu, trop faible pour s'occuper désormais des affaires
de son duché, dans le château de Pavie,
où il languissait sous les yeux de sa femme

Isabelle, fille du roi Ferdinand de Naples.

Quant à Ludovic, c'était un ambitieux à la fois plein de courage et d'astuce, familier avec l'épée et le poison, qui, selon les occasions, sans avoir de prédilection ni de répugnance pour l'une ou pour l'autre, les employait alternativement, et qui, au reste, était bien décidé à hériter de son neveu, soit qu'il mourût, ou soit qu'il ne mourût pas.

Florence, quoique ayant conservé le nom d'une république, en avait peu à peu perdu toutes les libertés, et appartenait de fait, sinon de droit, à Pierre de Médicis, à qui Laurent l'avait, ainsi que nous

l'avons vu , au risque du salut de son âme,
léguée comme un bien paternel. Malheureusement le fils était loin d'avoir le génie
du père : il était beau , il est vrai, tandis
qu'au contraire , Laurent était d'une lai-
deur remarquable ; il avait une voix agréable et harmonieuse , tandis que Laurent
avait toujours nasillé ; il était instruit dans
les langues grecque et latine , il avait la
conversation agréable et facile , et impro-
visait des vers presque aussi bien que celui
qu'on avait nommé le Magnifique ; mais il
était, quoique ignorant aux affaires politiques, orgueilleux et insolent envers ceux
qui en avaient fait une étude. Au reste ,
ardent aux plaisirs , passionné pour les

femmes, incessamment occupé des exercices du corps qui pouvaient le faire briller
à leurs yeux, et surtout de la paume, jeu
auquel il était d'une grande force, et se
promettant bien, aussitôt que son deuil
serait passé, d'occuper non - seulement
Florence, mais encore l'Italie toute entière, par la splendeur de sa cour et par le
bruit de ses fêtes. Ainsi du moins l'avait
résolu Pierre de Médicis ; mais le ciel en
décida autrement.

Quant à la sérénissime république de
Venise, dont Augustin Barbarigo est le
doge, elle est parvenue, à l'heure où nous
sommes arrivés, à son plus haut degré de

puissance et de splendeur. Depuis Cadix
jusqu'aux Palus-Méotides, elle n'a pas un
port qui ne soit ouvert à ses mille vaisseaux ; elle possède en Italie, outre le littoral des lagunes et l'ancien duché de Venise,
les provinces de Bergame, de Brescia, de
Crème, de Vérone, de Vicence et de Padoue ; elle à la Marche Trévisane, qui comprend le Feltrin, le Bellunois, le Cadorin,
la Polésine de Rovigo, et la principauté de
Ravenne ; elle a le Frioul, moins Aquilée ;
l'Istrie, moins Trieste ; elle a, sur la côte
orientale du golfe, Zara, Spalatro, et le
littoral de l'Albanie ; elle a dans la mer
Ionienne les îles de Zante et de Corfou ;
elle a en Grèce Lépante et Patras ; elle a

dans la Morée Modon, Coron, Napoli di Romanie et Argos; enfin, dans l'Archipel, outre plusieurs petites villes et des établissements sur les côtes, elle a Candie et le royaume de Chypre.

Ainsi, depuis l'embouchure du Pô jusqu'à l'extrémité orientale de la Méditerranée, la sérénissime république est maîtresse de tout le littoral, et l'Italie et la Grèce semblent le faubourg de Venise.

Dans les intervalles laissés libres entre Naples, Milan, Florence et Venise, de petits tyrans se sont établis, exerçant une souveraineté absolue sur leur territoire : ainsi les Colonna sont à Ostie et à Nettuno,

les Montefeltri à Urbin, les Manfredi à
Faenza, les Bentivogli à Bologne, les Ma-
latesta à Rimini, les Vitelli à Cità di Cas-
tello, les Baglioni à Pérouse, les Orsini à
Vicovaro, et les princes d'Est à Ferrare.

Enfin, au centre de ce cercle immense,
composé de grandes puissances, d'états
secondaires et de petits tyrans, s'élève
Rome, placée en haut de la spirale; la plus
élevée, mais la plus faible de tous, sans
influence, sans territoire, sans armée et
sans argent.

Il s'agit pour le nouveau pontife de lui
rendre tout cela; voyons donc quel homme

c'était qu'Alexandre VI, pour entreprendre et accomplir un pareil projet.

Roderic Lenzioli était né à Valence en
Espagne en 1430 ou 1431, et descendait
par sa mère d'une famille issue, à ce que
prétendent plusieurs auteurs, de race
royale, et qui, avant de jeter les yeux sur
la tiare, avait eu des prétentions aux cou-
ronnes d'Aragon et de Valence ; dès son
enfance il avait donné des marques d'une
vivacité d'esprit merveilleuse, et en gran-
dissant il avait montré un génie très apte
aux sciences, et surtout à celles du droit
et de la jurisprudence : il en résulte qu'il
acquit ses premières distinctions comme

avocat, profession dans laquelle son habi-
leté à discuter les affaires les plus épineu-
ses lui fit bientôt une grande réputation.
Cependant il ne tarda point à se lasser de
cette carrière, qu'il abandonna tout à
coup pour celle des armes, qu'avait sui-
vie son père ; mais, après quelques actions qui prouvaient son sang-froid et son
courage, il se dégoûta de celle-ci, ainsi
que de l'autre ; et comme, au moment
où ce dégoût commençait à le prendre,
son père mourut, laissant une fortune
considérable, il résolut de ne plus rien
faire, et de vivre en se laissant aller à son
caprice et à sa fantaisie. Vers cette époque, il devint l'amant d'une veuve qui

avait deux filles. La veuve mourut; Roderic prit les filles sous sa tutelle , mit l'une
d'elles dans un couvent, et comme l'autre
était une des plus belles femmes qui se pussent voir, il la garda pour sa maîtresse.
C'était la fameuse Rosa Vanozza, dont il
eut cinq enfants : François, César, Lucrèce et Guiffry; on ignore le nom du cin-
quième.

Roderic, retiré des affaires publiques,
était tout entier à ses amours et à sa pater-
nité, lorsqu'il apprit que son oncle, qui
l'affectionnait comme s'il eût été son fils,
avait été élu pape sous le nom de Ca-
liste III. Mais le jeune homme était si

amoureux à cette heure, que l'amour
faisait taire en lui l'ambition, et qu'il fut
presque effrayé de l'exaltation de son
oncle, exaltation qui allait sans doute le
forcer de rentrer dans les affaires publiques. En conséquence, au lieu d'accourir
à Rome, comme tout autre eût fait à sa
place, il se contenta d'écrire à Sa Sainteté
une lettre dans laquelle il lui demandait
la continuation de ses bontés, et lui sou-
haitait un long et heureux pontificat.

Cette retenue d'un de ses parents, au
milieu des ambitions que le nouveau
pontife trouvait à chaque pas sur son
chemin, frappa singulièrement Calixte III :

il savait la valeur du jeune Roderic, et au moment où les médiocrités l'assiégeaient de tous côtés, cette capacité qui se tenait modestement à l'écart grandit encore à ses yeux : aussi répondit-il à l'instant même à Roderic qu'au reçu de sa lettre il eût à quitter l'Espagne pour l'Italie et Valence pour Rome.

Cette lettre déplaçait Roderic du centre de bien-être qu'il s'était fait, et dans lequel il se fût peut-être endormi, comme un homme ordinaire, si la fortune n'était pas ainsi venue l'en tirer par la main. Roderic était heureux, Roderic était riche; les mauvaises passions qui lui

étaient naturelles s'étaient sinon éteintes,
du moins assoupies : il s'effraya lui-même
à l'idée de changer la vie douce qu'il
menait contre la vie ambitieuse et agitée
qui lui était promise ; et au lieu d'obéir à
son oncle, il retarda les préparatifs de son
départ, espérant que Calixte l'oublierait.
Il n'en fut pas ainsi : deux mois après la
lettre pontificale, un prélat romain, porteur de la nomination de Roderic à un
bénéfice valant vingt mille ducats par an,
et d'un ordre positif au titulaire de venir
prendre au plus tôt possession de sa charge, arriva à Valence.

Il n'y avait plus à reculer ; aussi Roderic

obéit-il : mais, comme il ne voulait pas se
séparer de la source où il avait puisé son
bonheur depuis huit ans, Rosa Vanozza
partit de son côté, et tandis qu'il se rendait à Rome elle se rendit à Venise, accompagnée de deux domestiques de confiance,
et sous la garde d'un gentilhomme espagnol, nommé Manuel Melchiori.

La fortune tint vis-à-vis de Roderic les
promesses qu'elle lui avait faites : le pape
le reçut comme un fils, et le fit tour à tour
archevêque de Valence, cardinal-diacre et
vice-chancelier. A toutes ces faveurs
Calixte ajouta un revenu de quarante
mille ducats ; de sorte qu'à l'âge de trente-

cinq ans à peine Roderic se trouva riche et puissant à l'égal d'un prince.

Roderic avait eu quelque peine à accepter le cardinalat, qui l'enchaînait à Rome, et eût préféré être général de l'Église, position qui lui eût donné plus grande liberté de voir sa maîtresse et sa famille ; mais son oncle Calixte lui fit entrevoir la possibilité de lui succéder un jour, et, de ce moment, l'idée d'être le chef suprême des rois et des peuples s'empara tellement de Roderic, qu'il n'eut plus devant les yeux que le but que son oncle lui avait fait entrevoir.

Alors, à compter de ce jour, naquit chez

le jeune cardinal cette puissance d'hypocrisie qui fit de lui la plus parfaite incar-
nation du démon qui ait peut-être jamais
existé sur la terre; et Roderic ne fut plus
le même homme : les paroles d'humilité
et de repentir à la bouche, le front baissé
comme s'il eût porté le poids de ses fautes
passées, dédaigneux des richesses qu'il
avait acquises, et qui, étant, disait-il, le
bien des pauvres, devaient retourner aux
pauvres, il passait sa vie dans les églises,
dans les monastères ou dans les hôpitaux,
acquérant, dit son historien, aux yeux
même de ses ennemis, la réputation d'un
Salomon pour la sagesse, d'un Job pour
la patience, et d'un Moïse pour la publi-

cation de la parole de Dieu : seule au
monde, Rosa Vanozza pouvait estimer
ce que valait la conversion du pieux
cardinal.

Bien en prit à Roderic de s'être posé
aussi saintement ; car son protecteur
mourut après un règne de trois ans trois
mois et dix-neuf jours, et il ne fut plus
soutenu que par son propre mérite contre les ennemis nombreux que lui avait
fait sa rapide fortune : aussi pendant
tout le règne de Pie II demeura-t-il constamment éloigné des affaires, et ne le vit-
on reparaître que sous Sixte IV, qui lui fit
don de l'abbaye de Subiaco, et l'envoya

en qualité de légat près des rois d'Aragon et de Portugal. A son retour, qui eut lieu sous le pontificat d'Innocent VIII, il se décida à faire enfin venir sa famille à Rome : elle y fut conduite par don Melchiori, qui, dès ce moment, passa pour le mari de Vanozza, et prit le nom du comte Ferdinand de Castille. Le cardinal Roderic reçut le noble Espagnol comme un compatriote et un ami : celui-ci, qui comptait mener une vie fort retirée, loua une maison dans la rue della Lungara, proche de l'Eglise de Regina Cœli et sur les bords du Tibre. C'est là qu'après avoir passé la journée en prières et en œuvres pieuses, le cardinal Roderic

allait chaque soir déposer son masque.
Alors, disait-on, quoique personne n'en
pût donner la preuve, il se passait dans
cette maison des choses infâmes : on parlait d'incestes entre le père et la fille et
entre les deux frères et la sœur ; de sorte
que, pour faire cesser ces bruits qui commençaient à se répandre, Roderic envoya
César étudier à Pise, et maria Lucrèce à
un jeune gentilhomme aragonais ; si bien
qu'il ne resta plus à la maison que la
Vanozza et ses deux fils : tel était l'état
des choses quand Innocent VIII mourut,
et que Roderic Borgia fut proclamé pape.

Nous avons vu par quels moyens la

nomination s'était faite ; aussi les cinq cardinaux qui n'avaient point participé à cette
simonie, et qui étaient les cardinaux de
Naples, de Sienne, de Portugal, de Sainte-
Marie in Porticu et de Saint-Pierre-aux-
Liens, protestèrent-ils tout haut contre
cette élection, qu'ils traitèrent de ma-
quignonnage ; mais Roderic n'en avait pas
moins, n'importe par quel moyen, réuni
la majorité ; Roderic n'en était pas moins
le deux-cent-seizième successeur de saint
Pierre.

Cependant, tout arrivé qu'il était à son
but, Alexandre VI n'osa point dès l'abord
quitter le masque qu'avait porté si long-

7

temps le cardinal Borgia, quoique en apprenant sa nomination il ne pût dissimu-
ler la joie qu'elle lui causa, si bien qu'il
s'écria en levant les mains au ciel, et avec
l'accent de l'ambition satisfaite, lorsqu'on
lui annonça que le scrutin venait de décider en sa faveur : — Suis-je donc pape?
Suis-je donc le vicaire du Christ? Suis-je
donc la clef de voûte du monde chrétien?

— Oui, saint père, lui répondit le cardinal Ascanio Sforza, — le même qui avait
vendu à Roderic les neuf voix dont il disposait au conclave pour quatre mulets
chargés d'argent; — et nous espérons
par votre élection donner la gloire à Dieu,

le repos à l'Eglise et la joie à la chrétienté;
attendu que vous êtes choisi par le
Tout-Puissant lui-même, comme le plus
digne de tous vos frères.

Mais, si courte qu'avait été cette réponse, le nouveau pape avait déjà repris son
empire sur lui-même, et d'une voix humble et les mains croisées sur la poitrine :

— Nous espérons, dit-il, que Dieu nous
accordera son puissant secours, nonob-
stant notre faiblesse, et qu'il fera pour
nous ce qu'il fit pour l'apôtre, lorsqu'il
lui mit autrefois les clefs du ciel entre les
mains, et qu'il lui confia le gouvernement
de l'Église, gouvernement qui, sans l'aide

divine, serait une trop lourde charge pour un mortel : mais Dieu lui promit que son esprit le dirigerait ; il en fera ainsi pour nous, je l'espère ; et, de votre côté, nous ne doutons pas que vous n'ayez tous cette sainte obéissance qui est due au chef de l'Église, en imitation de celle que le troupeau du Christ était obligé d'avoir pour le prince des apôtres.

Aussitôt ce discours terminé, Alexandre se revêtit des habits pontificaux, et fit jeter par les fenêtres du Vatican des bandes de papier sur lesquelles son nom était écrit en latin, et qui, enlevées par le vent, semblèrent porter au monde entier la nouvelle du grand évènement qui allait changer la face de l'Italie.

Le même jour, des couriers furent expédiés dans toutes les cours de l'Europe.

César Borgia apprit la nouvelle de l'élection de son père à l'université de Pise, où il étudiait : son ambition avait rêvé parfois une telle fortune, et cependant sa joie en fut presque insensée. C'était alors un jeune homme de vingt-deux à vingt-quatre ans, adroit à tous les exercices du corps et surtout aux armes ; montant sans selle les chevaux les plus fougueux, et tranchant la tête d'un taureau d'un seul coup d'épée : d'ailleurs, arrogant, jaloux, dissimulé, et,

au dire de Tommasi, grand parmi les im-
pies, comme son frère François était bon
parmi les grands. Quant à son visage, les
auteurs même contemporains en ont laissé
une description tout à fait diverse ; car les
uns l'ont peint comme un monstre de lai-
deur, tandis que les autres vantent au contraire sa beauté : cette contradiction tient
à ce que, dans certains moments de
l'année et au printemps surtout, sa figure
se couvrait de pustules qui en faisaient,
tant qu'elles duraient, un objet d'horreur
et de dégoût, tandis que, pendant tout le
reste du temps, c'était le sombre cavalier
aux cheveux noirs, au teint pâle et à la
barbe fauve, que nous a montré Raphaël

dans le beau portrait qu'il a fait de lui. Au
reste, historiens, chroniqueurs et peintres,
sont d'accord sur son regard fixe et puissant, au fond duquel brillait une flamme
incessante, qui lui donnait quelque chose
d'infernal et de surhumain. Tel était l'homme dont le sort venait de combler toutes
les espérances, et qui avait pris pour
devise : *Aut Cæsar, aut mihil :* — César, ou
rien.

César prit la poste avec quelques-uns
de ses familiers, et à peine eût-il été reconnu aux portes de Rome, que les respects qu'on lui rendit témoignèrent aussitôt de son changement de fortune : au

Vatican les respects redoublèrent, les
grands s'inclinèrent devant lui comme devant un plus grand qu'eux. Aussi, dans
son impatience, sans visiter sa mère ni
aucune autre personne de sa famille, il
monta droit chez le pape pour lui baiser
les pieds ; et comme celui-ci avait été prévenu de son arrivée, il l'attendait au milieu
d'une assemblée brillante et nombreuse de
cardinaux, et ayant ses trois autres frères
debout derrière lui. Sa Sainteté le reçut
d'un visage favorable ; mais cependant,
sans se laisser aller aux démonstrations
de son amour paternel, se baissa vers lui,
le baisa au front, et lui demanda comment
il se portait et de quelle façon s'était passé

son voyage. César répondit qu'il se portait à merveille et tout au service de Sa Sainteté; que, quant au voyage, ses petites incommodités et sa courte fatigue avaient été compensées, et bien au-delà, par la joie qu'il éprouvait de pouvoir adorer sur le Saint-Siége pontifical celui qui en était si digne. A ces mots, laissant César à genoux comme il était, et se rasseyant lui-même, car pour l'embrasser il s'était soulevé de son siége, le pape donna à son visage un air grave et composé, et parla ainsi qu'il suit, assez haut pour être entendu de tous, et assez lentement pour que chacun des assistants pût peser et retenir la moindre de ses paroles :

— Nous sommes bien persuadé, César,
que vous êtes singulièrement joyeux de
nous voir à ce faîte suprême, si élevé au-
dessus de nos mérites, et auquel il a plu à
la bonté divine de nous faire monter. Cette
joie nous était due d'abord en échange de
l'amour que nous vous avons toujours porté
et que nous vous portons encore, et ensuite pour votre propre intérêt, puisque
vous pouvez vous promettre de recevoir
désormais de notre main pontificale les
bienfaits dont vos bonnes œuvres vous
rendront digne ; mais si votre joie, et ceci
nous le disons à vous comme nous l'avons
dit à votre frère, s'est fondée sur d'autres
bases, vous vous êtes grandement trompé,

César, et vous vous trouverez tristement
déçu. Nous avons aspiré peut-être, et nous
le confessons humblement à la face de
tous, avec une passion immodérée, à la
souveraineté du pontificat, et nous avons
suivi pour y parvenir tous les chemins
qu'a pu nous ouvrir l'industrie humaine;
mais nous avons agi ainsi en nous jurant
à nous-même qu'une fois arrivé à notre
but, nous ne suivrions plus d'autre voie
que celle qui conduit au meilleur service
de Dieu, à la plus grande exaltation du
Saint-Siége, afin qu'une glorieuse mémoire des choses que nous ferons efface le
souvenir honteux des choses que nous
avons faites. Si bien que nous en vien-

drons à laisser, je l'espère , à nos successeurs une route où , s'ils ne trouvent pas
les traces d'un saint, ils pourront suivre
au moins les pas d'un pontife. Dieu , qui
nous a secondé dans les moyens , réclame
de nous le résultat, et nous sommes disposé à satisfaire pleinement à cette grande
dette que nous avons contractée envers
lui ; c'est pourquoi nous ne voulons pas
éveiller par nos fraudes les rigueurs de sa
justice. Un seul empêchement pourrait
donc traverser nos bonnes intentions ; ce
serait si nous éprouvions un intérêt trop
vif pour votre fortune. Aussi nous som-
mes-nous cuirassé d'avance contre notre
amour, et avons-nous prié Dieu qu'il nous

soutienne, afin que nous ne bronchions
pas à votre sujet ; car, dans le chemin du
favoritisme, un pontife ne peut glisser
sans tomber, et ne peut tomber sans porter un grand préjudice à l'honneur du
Saint-Siége. Nous pleurerons jusqu'à la fin
de notre vie les fautes auxquelles nous devons l'expérience de cette vérité ; et plaise
à Dieu que l'heureuse mémoire de Calixte
notre oncle ne porte pas aujourd'hui dans
le purgatoire le poids de nos péchés plus
encore que des siens ! Hélas! il était riche
de toutes les vertus, il était plein de bonnes intentions ; mais il aimait trop les
siens, et, parmi les siens, nous particulièrement : de sorte que, se laissant mener

aveuglément par cet amour, et par celui
qu'il avait pour ses parents, dont il avait
trop fait sa propre chair, il accumula sur
quelques têtes seulement, les moins dignes peut-être, les bénéfices qui devaient
récompenser les mérites d'un grand nombre. En effet, il déposa dans notre maison
ces trésors qu'il ne fallait pas amasser aux
dépens des pauvres, ou qu'il fallait con-
vertir en un meilleur usage. Il démembra
de l'Etat ecclésiastique, déjà si faible et si
restreint, le duché de Spolette, ainsi que
d'autres riches domaines, afin de nous en
faire des fiefs; il appuya sur notre faiblesse la vice-chancellerie, la vice-préfec-
ture de Rome, le généralat de l'Église, et

toutes les autres charges les plus considé-
rables, qui, au lieu d'être accaparées ainsi par nous, devaient être conférées à
ceux-là que leurs mérites en avaient ren-
dus les plus dignes. Il y en eut alors qui,
à notre recommandation, furent élevés à
de suprêmes dignités, qui n'avaient d'autre mérite pour arriver là que la protection trop partiale que nous leur accor-
dions; tandis que d'autres furent écartés,
qui n'avaient d'autre cause pour ne point
parvenir que la jalousie que nous inspirait
leur mérite. Pour dépouiller Ferdinand
d'Aragon du royaume de Naples, il alluma
une terrible guerre, dont l'issue heureuse
n'avait d'autre résultat que d'augmenter

notre fortune, et dont l'issue malheureuse
ne pouvait amener que honte et dommage au Saint-Siége. Enfin, en se laissant
gouverner par ceux qui sacrifiaient le bien
public à leurs intérêts particuliers, il porta
un notable préjudice, non-seulement au
trône pontifical, non-seulement à sa re-
nommée, mais encore, et ce qui est bien
plus fatal, à sa conscience. Et cependant,
ô sagesse des jugements de Dieu ! si fort
et si constamment qu'il se fût employé
pour établir notre fortune, à peine eut-il
laissé vide la place suprême que nous oc-
cupons aujourd'hui, que nous nous trou-
vâmes renversé du faîte où nous étions
monté, abandonné à la furie du peuple et

aux haines vindicatives de ces barons romains, qui se regardaient comme offensés
par notre bienveillante partialité pour
leurs ennemis. De sorte que, non-seulement comme je vous le dis, César, il nous
fallut tomber précipitamment du haut de
notre grandeur, et de ces biens et de ces
dignités que notre oncle avait accumulés
sous nos pieds, mais encore, pour ne pas
perdre la vie, nous condamner, nous et
nos amis, à un volontaire exil, grâce auquel seulement nous parvînmes à nous
dérober à l'orage soulevé par notre trop
grande fortune. Cela nous fut une preuve
évidente que Dieu, sachant se jouer des
desseins des hommes dès que ces desseins

sont injustes , c'est une grande erreur aux
pontifes que de s'appliquer davantage au
bien d'une maison qui ne peut durer que
quelques années qu'à la gloire de l'Eglise ,
qui est éternelle , et que c'est une grande
folie à ces politiques qui, ayant le gouvernement d'un domaine qui n'est héréditaire ni pour eux ni pour leurs successeurs , appuient l'édifice de leur grandeur
sur d'autres bases que sur les hautes vertus exercées au profit de tous , et croient
assurer la durée de leur fortune par
d'autres moyens que par ceux qui com-
priment ces tourbillons inattendus qui,
s'élevant au milieu du calme, peuvent soulever une tempête , c'est-à-dire leur créer

une masse d'ennemis, dont un seul agissant sérieusement leur causera plus de dommages que ne peuvent leur apporter de secours les démonstrations trompeuses de cent amis. — Si vous et vos frères cheminez par la voie louable dont nous vous ouvrons l'entrée, vous ne formerez pas un désir qu'il ne soit à l'instant même accompli ; mais si vous prenez le chemin contraire, si vous avez espéré que notre affection se fera la complaisante de vos désordres, vous aurez bientôt la preuve que nous sommes Pontife pour l'Eglise et non pour la maison, et que, comme vicaire du Christ, nous voulons faire ce que nous jugerons être le bien de la chrétienté, mais

non ce que vous aurez jugé, vous, être
votre bien à vous; — et ceci bien entendu,
César, recevez notre bénédiction pontificale.

Et à ces mots Alexandre VI se leva, im-
posa les mains à son fils ; toujours agenouillé, et se retira dans ses appartements
sans l'inviter à le suivre.

Le jeune homme était resté stupéfait de
ce discours, auquel il s'attendait si peu, et
qui détruisait d'un seul coup ses plus
chères espérances. Aussi, se relevant
étourdi et chancelant comme un homme
ivre, et sortant du Vatican à l'instant
même, il courut chez sa mère, à laquelle il

n'avait pas pensé d'abord, et vers laquelle il revenait dans son abandon. — La Vanozza avait à la fois tous les vices et toutes les vertus d'une courtisane espagnole : dévote envers la Madone jusqu'à la superstition, tendre envers ses enfants jusqu'à la faiblesse, complaisante envers Roderic jusqu'à la débauche; mais confiante au fond de l'âme dans la force d'un pouvoir qu'elle exerçait depuis près de trente ans, et certaine, comme le serpent, d'étouffer dans ses replis quand elle ne pouvait pas fasciner par son regard. Vanozza connaissait la profonde hypocrisie de son vieil amant, et, par conséquent, elle n'eut pas de peine à rassurer César.

Lucrèce était près de la Vanozza quand César était arrivé ; les deux jeunes gens échangèrent sous les yeux mêmes de leur mère un baiser incestueux ; et , avant de se retirer, César avait pris pour le soir même rendez-vous avec Lucrèce, qui , séparée de son mari , à qui Roderic payait une pension , vivait en toute liberté dans son palais de la Via del Pellegrino, situé en face du Champ-des-Fleurs.

Le soir, à l'heure convenue, César se rendit chez Lucrèce ; mais il y trouva son frère Fançois. Les deux jeunes gens ne s'étaient jamais aimés. Cependant comme leurs cœurs étaient bien différents, la haine

chez François, était la crainte instinctive
que le daim éprouve pour le chasseur ;
tandis que la haine, chez César, était ce
besoin de vengeance et ce désir de sang
qui vit incessamment dans le cœur du
tigre. Les deux frères ne s'en embrassèrent
pas moins, l'un par bienveillance, l'autre
par hypocrisie ; mais en s'apercevant, le
sentiment de leur double rivalité dans les
bonnes grâces de leur père et de leur sœur,
avait fait monter la rougeur au visage de
François et la lividité à celui de César. Les
deux jeunes gens s'assirent donc, décidés
à ne pas sortir l'un sans l'autre, lorsqu'on
frappa à la porte, et qu'on annonça un

rival devant lequel l'un et l'autre devaient
se retirer : c'était leur père.

Vanozza avait eu raison de rassurer
César. En effet, Alexandre VI, tout en se
déchaînant contre les abus de la famille,
avait déjà compris le parti politique qu'il
pouvait tirer de ses fils et de sa fille ; car il
savait que pour toutes choses il pouvait
compter, sinon sur François et sur Guiffry,
mais sur Lucrèce et sur César. En effet,
de ce côté, le sœur était le digne pendant
du frère. Libertine par imagination, im-
pie par tempérament, ambitieuse par cal-
cul, Lucrèce avait un âpre besoin de plaisirs, de louanges, d'honneurs, d'or, de

pierreries, d'étoffes soyeuses et de palais magnifiques. — Espagnole sous ses cheveux blonds, courtisane sous son air candide, elle avait la tête d'une madone de Raphaël et le cœur de Messaline; aussi était-elle chère et comme fille et comme maîtresse à Roderic, qui voyait se réfléchir en elle, comme en un miroir magique, toutes ses passions et tous ses vices. Lucrèce et César étaient donc les bien-aimés de son cœur, et composaient la trinité diabolique qui demeura onze ans sur le trône pontifical, comme une sacrilége parodie de la trinité céleste.

Au reste, rien ne démentit d'abord les

principes émis par Alexandre dans le discours qu'il avait fait à César, et la première année de son pontificat dépassa les
espérances qu'avaient conçues les Romains
lors de son élection. Il pourvut à l'appro-
visionnement des greniers publics avec
une si grande libéralité, que de mémoire
d'homme on n'avait joui d'une si merveilleuse abondance, et afin que le bien-être
descendît jusqu'aux dernières classes, de
nombreuses aumônes prélevées sur sa fortune particulière, permirent aux pauvres
mêmes de participer à ce banquet général,
dont, depuis si longtemps ils étaient exclus.
Quant à la sûreté de la ville, elle avait été
rétablie, dès les premiers jours de son

avénement à la tiare, par une police ferme et vigilante, et par un tribunal composé de quatre docteurs de réputation irréprochable, chargés de poursuivre tous les crimes nocturnes si communs sous le précédent pontificat, que leur nombre même leur assurait l'impunité, et qui donnèrent dès leurs premiers jugements l'exemple d'une sévérité que ne purent adoucir ni le rang ni la fortune des coupables. Cela faisait un si grand contraste avec la corruption du règne précédent, pendant lequel le vice-camérier répondait publiquement à ceux qui lui reprochaient la vénalité de la justice : — Dieu ne veut pas la mort du pécheur ; mais qu'il vive et qu'il

paye,— que la capitale du monde chrétien
se crut ramenée un instant aux beaux
jours du pontificat. Aussi, au bout d'un an
de règne, Alexandre VI avait déjà recon-
quis le crédit spirituel perdu par ses prédécesseurs. Restait pour accomplir la première partie de son plan gigantesque, à
établir son crédit politique. Il avait, pour
arriver à ce but, deux moyens à employer:
les alliances ou les conquêtes. Il dut commencer par tenter les alliances. Le gentilhomme aragonais qui avait épousé Lucrèce
quand elle n'était que la fille du cardinal
Roderic Borgia, n'était pas un homme
assez puissant ni par la naissance, ni par
la fortune, ni par le génie, pour entrer

avec quelque influence dans les combinaisons du Pape Alexandre VI : la séparation
fut donc convertie en divorce, et Lucrèce
Borgia se trouva libre de se remarier.

Alexandre VI entama deux négociations
à la fois ; il avait besoin d'un allié qui pût
veiller pour lui sur la politique des Etats
qui l'entouraient. Jean Sforza, petit-fils
d'Alexandre Sforza, frère du grand François Ier, duc de Milan, était seigneur de
Pesaro ; la situation topographique de
cette place, située au bord de la mer, entre
Florence et Venise, lui convenait donc
merveilleusement ; aussi jeta-t-il d'abord
les yeux sur lui, et comme les intérêts

étaient les mêmes des deux côtés, Jean Sforza devint bientôt le second mari de Lucrèce.

En même temps, des ouvertures avaient été faites à Alphonse d'Aragon, héritier présomptif de la couronne de Naples, pour entamer un mariage entre dona Sancia, sa fille naturelle, et Guiffry, troisième fils du pape; mais comme le vieux Ferdinand voulait tirer le meilleur parti possible de cette alliance, il traîna les négociations en longueur, objectant que les deux enfants n'étaient point encore nubiles, et que, par conséquent, quelque honneur que dût lui faire une pareille alliance, rien ne pressait à l'endroit de leurs fiançailles. Les choses en restèrent là, au grand mécontentement d'Alexandre **VI**, qui ne se trompa point à cet ajournement, et prit la défaite qui lui était donnée pour ce qu'elle était réellement, c'est-à-dire pour un refus. Alexandre et Ferdinand demeurèrent donc dans la même situation qu'auparavant, joueurs politiques d'égale force, et attendant que les événements se déclarassent pour l'un ou pour l'autre. La fortune fut pour Alexandre.

L'Italie, quoique tranquille, sentait instinctivement que ce calme n'était rien autre chose que la torpeur qui précède

l'orage. Elle était trop riche et trop heureuse pour n'être point enviée par toutes
les autres nations. En effet, la négligence
et la jalousie de la république florentine
n'avaient point encore fait un marais des
plaines de Pise; les guerres des Colonna et
des Orsini n'avaient point encore changé
les riches campagnes de Rome en un désert inculte, le marquis de Marignan n'a-
vait point encore rasé, dans la seule république de Sienne, cent vingt villages; enfin
la Maremme était déjà insalubre, mais
point encore mortelle; et Flavio Blondo,
en décrivant, en 1450, Ostie, qui ne
compte plus aujourd'hui que trente habitants, se contente de dire qu'elle était

moins florissante que du temps des Romains, époque à laquelle elle en comptait cinquante mille.

Quant aux paysans italiens, ils étaient peut-être les plus heureux de la terre : au lieu de vivre disséminés dans les champs et isolés les uns des autres, ils habitaient dans des bourgades fermées de murs qui protégeaient leurs récoltes, leur bétail et leurs instruments ; leurs maisons, du moins celles qui restent de cette époque, prouvent qu'ils étaient logés avec plus de bien-être, d'art et de goût, que ne le sont encore aujourd'hui les bourgeois de nos villes. Enfin cette réunion d'intérêts com-

muns, cette agglomération d'individus
dans des villages fortifiés, leur avait, petit
à petit, laissé prendre une importance
que n'avaient ni les manants de France ni
les serfs d'Allemagne ; ils avaient des armes, un trésor commun, des magistrats
élus, et lorsqu'ils combattaient, au moins,
eux, c'était pour défendre une patrie.

Le commerce d'ailleurs n'était pas
moins florissant que l'agriculture ; l'Italie
à cette époque était couverte de fabriques,
où l'on travaillait la soie, la laine, le chan-
vre, les pelleteries, l'alun, le soufre et le
bitume : ceux de ces produits que le sol
ne produisait pas étaient amenés dans ses

ports, de la mer Noire, de l'Egypte, de
l'Espagne et de la France, et repartaient
souvent pour les lieux d'où ils étaient venus, après que le travail et la main-d'œuvre en avaient doublé la valeur : le riche
apportait ses marchandises, le pauvre son
industrie. L'un était sûr de ne pas manquer de bras , et l'autre était sûr de ne pas
manquer de travail.

L'art, de son côté, n'était point demeuré
en arrière : Dante, Giotto, Brunelleschi,
Donatello étaient morts , mais l'Arioste,
Raphaël, Bramante et Michel-Ange venaient de naître ; Rome, Florence et Naples avaient hérité des chefs-d'œuvre de

l'antiquité, et les manuscrits d'Eschyle, de Sophocle et d'Euripide étaient venus, grâce à la conquête de Mahomet II, rejoindre les statues de Xantippe, de Phidias et de Praxitèle.

Les principaux souverains de l'Italie avaient donc compris, en arrêtant les yeux sur ces grasses moissons, sur ces riches villages, sur ces florissantes fabriques et sur ces merveilleuses églises, et en les reportant ensuite sur les peuples barbares, pauvres et guerriers qui les entouraient, qu'ils allaient un jour ou l'autre devenir aux autres nations ce que l'Amérique était à l'Espagne, c'est-à-dire une vaste mine

d'or à exploiter. En conséquence, dès
1480, Naples, Milan, Florence et Ferrare
avaient signé une ligue offensive et défen-
sive, prête à faire face aussi bien aux ennemis du dedans qu'à ceux du dehors, aux
péninsulaires qu'aux ultramontains. Louis
Sforza, qui était le plus intéressé au maintien de cette ligue, parce qu'il était le plus
rapproché de la France, côté d'où paraissait menacer l'orage, vit dans l'élection du
nouveau pape un nouveau moyen non-
seulement de resserrer cette ligue, mais
encore de la faire apparaître aux yeux de
l'Europe dans sa puissance et dans son
unité.

A chaque exaltation nouvelle, il est de

coutume que tous les Etats chrétiens en-
voient à Rome une ambassade solennelle ,
pour renouveler, au nom de chacun d'eux,
leur serment d'obédience au saint père.
Louis Sforza eut l'idée de réunir les ambassadeurs des quatre puissances de manière à ce qu'ils fissent leur entrée le
même jour dans Rome , et de charger un
seul des envoyés , celui du roi de Naples,
par exemple, de porter la parole au nom
de tous.

Malheureusement , ce plan concordait
mal avec les projets magnifiques de Pierre
de Médicis. L'orgueilleux jeune homme ,
qui avait été nommé ambassadeur de la

république florentine, avait vu dans la mission que lui avaient confiée ses compatriotes un moyen de faire briller son faste et d'étaler ses richesses. Depuis le jour de sa nomination, son palais ne désemplissait pas de tailleurs, de joailliers et de marchands d'étoffes : il s'était fait faire des habits splendides, brodés de pierres précieuses, qu'il avait tirées du trésor de sa famille. Tous ses joyaux, les plus riches de l'Italie peut-être, étaient semés sur les habits de ses pages, et l'un d'eux, son favori, devait porter un collier de perles évalué à lui seul cent mille ducats; c'est-à-dire près d'un million de notre monnaie actuelle. De son côté, l'évêque d'Arezzo, Gentile,

qui avait été professeur de Laurent de Médicis, était le second ambassadeur nommé,
et devait porter la parole, et Gentile, qui
avait préparé son discours, comptait autant sur son éloquence pour charmer les
oreilles que Pierre de Médicis sur sa richesse pour éblouir les yeux. Or, l'éloquence de Gentile était perdue si c'était
l'envoyé du roi de Naples qui portait la
parole, et la magnificence de Pierre de
Médicis était inaperçue s'il entrait à Rome
confondu avec tous les autres ambassadeurs. Ces deux graves intérêts, compro-
mis par la proposition du duc de Milan,
changèrent toute la face de l'Italie.

Louis Sforza avait déjà la promesse de

Ferdinand de se conformer, pour sa part,
au plan qu'il avait imaginé, lorsque le
vieux roi, sollicité par Médicis, retira tout
à coup sa parole. Sforza s'informa d'où
venait ce changement, et apprit que l'influence qui avait vaincu la sienne était
celle de Pierre. Ne pouvant se rendre
compte des motifs réels qui avaient dicté
cette opposition, il y vit une ligue secrète
contre lui, et attribua à la mort de Laurent
de Médicis ce changement de politique. Au
reste, cette cause, quelle qu'elle fût, lui
était visiblement préjudiciable : Florence,
vieille alliée de Milan, l'abandonnait pour
Naples. Il résolut de jeter un contre-poids
dans la balance ; et, dévoilant à Alexandre

la politique de Pierre et de Ferdinand, il
lui proposa une alliance offensive et dé-
sive, à laquelle ils adjoindraient la république de Venise ; le duc Hercule III de
Ferrare serait en même temps sommé de
se prononcer pour l'une ou l'autre des
deux alliances. Alexandre **VI**, blessé de la
conduite de Ferdinand à son égard, ac-
cepta la proposition de Louis Sforza, et
l'acte de confédération par lequel les nouveaux alliés s'engageaient à mettre sur
pied, pour le maintien de la paix publique, une armée de vingt mille chevaux
et de dix mille fantassins, fut signé le
22 avril 1493.

Ferdinand vit avec crainte se former

cette ligue; mais il crut avoir le moyen
d'en neutraliser les effets en dépouillant
Louis Sforza de sa puissance, qui, sans être
usurpée encore, se prolongeait déjà bien
au-delà du terme qu'elle aurait dû avoir,
puisque, quoique le jeune Galéas, son petit-fils, eût atteint l'âge de vingt-deux ans,
Louis Sforza n'en continuait pas moins de
tenir la régence. En conséquence, il invita
positivement le duc de Milan à résigner le
pouvoir souverain entre les mains de son
neveu, sous peine d'être déclaré usurpateur.

Le coup était terrible; mais il avait le
danger de porter Louis Sforza à quelques-

unes de ces combinaisons politiques qui
lui étaient familières, et devant lesquelles
il ne reculait jamais, quelque dangereuses
qu'elles fussent. Ce fut ce qui arriva effec-
tivement ; Sforza, inquiété dans la possession de son duché, résolut de menacer Ferdinand dans celle de son royaume.

Rien n'était plus facile : il connaissait
les dispositions belliqueuses de Charles VIII, il savait les prétentions de la maison de France sur le royaume de Naples.
Il envoya deux ambassadeurs pour inviter
le jeune roi à réclamer les droits de la
maison d'Anjou usurpés par celle d'Aragon ; et, pour mieux l'engager dans cette

entreprise lointaine et hasardeuse, il lui offrit un passage facile et amical par ses propres États.

Avec le caractère connu de Charles VIII, une pareille proposition ne pouvait manquer d'être acceptée : en effet, un horizon magnifique s'ouvrait devant lui comme par enchantement ; ce que lui offrait Louis Sforza, c'était la domination de la Méditerranée, c'était le protectorat de l'Italie tout entière ; c'était enfin, par Naples et par Venise, un chemin ouvert qui pouvait conduire à la conquête de la Turquie ou de la Terre-Sainte, selon qu'il lui plairait de venger les désastres de Nicopolis ou de Mansourah. La proposition fut donc accueillie, et par l'intermédiaire du comte Charles de Belgiojoso et du comte de Cajazzo pour Louis Sforza, et de l'évêque de Saint-Malo et du sénéchal de Beaucaire pour Charles VIII, une alliance secrète fut signée, par laquelle il fut convenu :

Que le roi de France tenterait la conquête du royaume de Naples ;

Que le duc de Milan ouvrirait au roi de France le passage par ses États, et l'accompagnerait avec cinq cents lances ;

Que le duc de Milan permettrait au roi de France d'armer à Gênes autant de vaisseaux qu'il voudrait ;

Qu'enfin le duc de Milan prêterait au roi de France deux cent mille ducats, payables au moment de son départ.

De son côté, Charles VIII s'engagea :

A défendre l'autorité personnelle de Louis Sforza sur le duché de Milan contre quiconque tenterait de l'en dépouiller ;

A laisser dans Asti, ville appartenant au duc d'Orléans par l'héritage de Valentine Visconti, sa grand'mère, deux cents lances françaises, toujours prêtes à secourir la maison Sforza ;

Enfin, à abandonner à son allié la principauté de Tarente aussitôt après la conquête du royaume de Naples.

Ce traité à peine conclu, Charles VIII, qui s'en exagérait encore les avantages, songea à se faire aussitôt libre de tous les empêchements qui eussent pu retarder ou entraver son expédition. Cette précaution était nécessaire; car ses relations avec les grandes puissances étaient loin d'être telles qu'il aurait pu les désirer.

En effet, Henri VII était débarqué à Calais avec une armée formidable, et menaçait la France d'une nouvelle invasion.

Ferdinand et Isabelle, rois des Espagnes, avaient sinon contribué à la chute de la maison d'Anjou, du moins avaient soutenu la branche d'Aragon de leur argent et de leurs soldats.

Enfin, la guerre avec le roi des Romains avait pris une nouvelle force du renvoi que Charles VIII avait fait de Marguerite de Bourgogne à Maximilien, son père, et du mariage qu'il avait contracté avec Anne de Bretagne.

Par le traité d'Étaples, en date du 3 novembre 1492, Henri VII se détacha de l'alliance du roi des Romains, et s'engagea à ne point poursuivre ses conquêtes.

Il en coûta à Charles VIII sept cent quarante-cinq mille écus d'or et le remboursement des frais de la guerre de Bretagne.

Par le traité de Barcelone , en date du 19 janvier 1493 , Ferdinand le Catholique et Isabelle s'engagèrent à ne point porter secours à leur cousin Ferdinand de Naples, et à ne point mettre obstacle aux projets de la cour de France en Italie.

Il en coûta à Charles VIII Perpignan , le comté de Roussillon et la Cerdagne, que Jean d'Aragon avait donnés en gage à Louis XI pour la somme de trois cent mille ducats, et que Louis XI n'avait pas voulu lui rendre à l'époque fixée , contre la restitution de cette somme , tant le vieux renard royal sentait l'importance de ces ortes ouvertes sur les Pyrénées , qu'en cas de guerre il pouvait fermer en dedans.

Enfin, par le traité de Senlis, en date du 23 mai 1493, Maximilien daigna pardonner à la France l'affront qu'il venait de recevoir de son roi.

Il en coûta à Charles VIII les comtés de Bourgogne, d'Artois, de Charolais et la seigneurie de Noyers, qu'il avait déjà reçus en dot de Marguerite, plus les villes d'Aire, d'Hesdin et de Béthune, qu'il s'engagea à rendre à Philippe d'Autriche le jour même de sa majorité.

Moyennant ces sacrifices, le jeune roi se trouva en paix avec tous ses voisins, et put entreprendre le projet qui lui avait été proposé par Louis Sforza, auquel il avait été suggéré, comme nous l'avons dit, par le refus d'accéder à son plan de députation, refus inspiré par le désir qu'avait Pierre de médicis de montrer ses magnifiques pierreries, et Gentile de prononcer un discours.

Ainsi la vanité d'un professeur et l'orgueil d'un écolier allaient remuer le monde depuis le golfe de Tarente jusqu'aux monts Pyrénéens.

Alexandre **VI**, placé au centre de ce vaste tremblement de terre, dont l'Italie n'avait point encore ressenti les premières

secousses , avait profité de la préoccupa-
tion instinctive des esprits pour donner un
premier démenti au fameux discours que
nous avons rapporté , en créant cardinal
Jean Borgia , son neveu , qui , sous le pontificat précédent , avait été nommé archevêque de Montréal et gouverneur de
Rome. Cette promotion accomplie sans
murmure, attendu les antécédents de celui
qui en était l'objet , fut une espèce d'essai
que tenta Alexandre VI , et qui , par sa
réussite, l'engagea bientôt à donner à
César Borgia l'archevêché de Valence, bénéfice dont lui-même avait joui avant son
élévation au pontificat. Mais ici la diffi-
culté vint de la part de celui qui recevait

le don. Le bouillant jeune homme, qui
avait tous les instincts et tous les vices
d'un capitaine de condottieri, avait
grand'peine à s'imposer l'apparence même des vertus d'un homme d'église; mais
comme il savait, de la bouche de son père
même, que les hautes dignités séculières
étaient réservées à son frère aîné, il se
décida à accepter ce qu'on lui donnait, de
peur de ne point obtenir autre chose : seulement sa haine pour François s'en aug-
menta; car, dès lors, il était deux fois
son rival, rival en amour et rival en ambition.

Tout à coup Alexandre VI vit, au mo-

ment où il s'y attendait le moins, revenir
à lui le vieux roi Ferdinand. Le pape était
trop habile politique pour accueillir ce
retour avant d'en connaître les causes :
bientôt il apprit ce qui se tramait à la cour
de France contre le royaume de Naples,
et tout lui fut expliqué.

Ce fut alors à son tour d'imposer des
conditions.

Il demanda l'accomplissement du mariage de Guiflry, son troisième fils, avec
dona Sancia, fille naturelle d'Alphonse.

Il demanda qu'elle apportât en dot à
son époux la principauté de Squillace et le
comté de Cariati, avec dix mille ducats de

rente et la charge de protonotaire, qui
était un des sept grands offices de la couronne, indépendants de l'autorité royale.

Il demanda pour son fils aîné, que
Ferdinand le Catholique venait déjà de
nommer duc de Gandie, la principauté de
Tricarico, les comtés de Chiaramonte,
Lauria et Carilona, avec douze mille ducats de rente et le premier des sept grands
offices qui viendrait à vaquer.

Il demanda que Virginio Orsini, qui
était son ambassadeur près de la cour de
Naples, obtint le troisième de ces grands
offices, qui était celui de connétable,
c'est-à-dire le plus éminent de tous.

Enfin il demanda que Julien de la Rovère, un des cinq cardinaux qui avaient protesté contre son élection, et qui s'était fortifié à Ostie, où le chêne qui lui avait donné son nom, et qui forme ses armoiries, est encore sculpté sur tous les murs, fût chassé de la ville, et que la ville lui fût remise.

Tout ce que demandait Alexandre VI lui fut accordé.

En échange, Alexandre VI s'engagea seulement à ne point retirer à la maison d'Aragon l'investiture du royaume de Naples, qui lui avait été accordée par ses prédécesseurs. C'était payer un peu cher

une simple promesse, mais de cette promesse, si elle était tenue, dépendait la lé-
gitimité du pouvoir de Ferdinand ; car le
royaume de Naples était un fief du Saint-
Siége ; au pape seul appartenait le droit
de prononcer sur la justice des prétentions
de chaque compétiteur ; la continuation
de cette investiture était donc on ne peut
plus importante à la maison d'Aragon au
moment où la maison d'Anjou se levait
à main armée pour la déposséder.

Ainsi, depuis un an à peine qu'il était
monté sur le trône pontifical, Alexandre VI, comme on le voit, avait large-
ment marché dans l'élargissement de sa

puissance temporelle. Il possédait, il est vrai, personnellement le moins vaste des territoires italiens ; mais déjà , par l'alliance de sa fille Lucrèce avec le seigneur de Pesaro , il étendait une main jusqu'à Venise , tandis que , par le mariage du prince de Squillace avec dona Sancia , et les concessions territoriales faites au duc de Gandie , il touchait de l'autre à l'extrémité de la Calabre.

Ce traité si avantageux pour lui une fois signé , comme César se plaignait d'être toujours oublié dans la distribution des faveurs paternelles, il fit César cardinal de Santa-Maria-Novella.

Seulement, comme il n'y avait point encore d'exemple dans l'Église qu'un bâtard
eût revêtu la pourpre, le pape trouva quatre faux témoins qui déclarèrent que César
était fils du comte Ferdinand de Castille :
c'était, comme on le voit, un homme précieux que don Manuel Merchiori, et qui
joua le rôle de père avec autant de gravité
qu'il avait joué celui d'époux.

Quant à la noce des deux bâtards, elle
se fit splendidement, et riche des doubles
pompes de la royauté et de l'Église, puis,
comme le pape avait obtenu que les deux
nouveaux époux habiteraient auprès de
lui, le nouveau cardinal César Borgia se

chargea de régler la pompe de leur ren-
trée et de leur réception à Rome, à laquelle
Lucrèce, qui jouissait près de son père
d'une faveur inouïe à la cour des papes,
voulait de son côté donner tout l'éclat qu'il
était en son pouvoir d'y ajouter. L'un alla
donc recevoir les jeunes gens avec une riche et magnifique escorte de seigneurs et
de cardinaux, tandis que l'autre les attendait avec les plus belles et les plus nobles
dames de Rome, dans une salle du Vatican. Là un trône était préparé pour le
pape, et à ses pieds étaient des coussins
pour Lucrèce et dona Sancia ; de sorte, dit
Tommaso Tommasi, que par l'aspect de
l'assemblée et par la conversation qui s'y

tint pendant quelques heures, on eût cru
plutôt, assister à l'audience magnifique et
voluptueuse de quelque roi de la vieille
Assyrie qu'au sévère consistoire d'un pontife romain, qui doit, dans toutes les actions
qu'il exécute, faire resplendir la sainteté
du nom qu'il porte. Mais, — ajoute le même
historien, — si la vigile de la Pentecôte se
passa dans ces dignes fonctions, les cérémonies avec lesquelles le jour suivant on
célébra la fête de la venue du Saint-Esprit
ne furent pas moins décentes et moins selon l'esprit de l'Église ; car voici ce qu'en
dit le maître des cérémonies dans son journal quotidien :

« Le pape vint dans la basilique des

Saints-Apôtres, et près de lui s'assirent sur le pupitre de marbre où les chanoines de saint Pierre ont l'habitude de chanter l'Épître et l'Évangile, Lucrèce, sa fille, et Sancia, sa bru; et autour d'elles, à la grande honte de l'Église et au grand scandale du peuple, beaucoup d'autres dames romaines beaucoup plus dignes d'habiter la cité de Messaline que la ville de saint Pierre. »

Ainsi, à Rome et à Naples, on s'endormait dans l'attente d'une ruine prochaine; ainsi on perdait le temps et on dépensait l'or en vaine fumée d'orgueil; et cela tandis que les Français, bien éveillés, secouaient déjà les torches avec lesquelles ils devaient incendier l'Italie.

En effet, les intentions conquérantes de Charles VIII n'étaient plus un objet de doute pour personne. Le jeune roi avait envoyé aux différents états de l'Italie une ambassade composée de Perron de Baschi, de Briçonnet, de d'Aubigny et du président du parlement de Provence. Cette ambassade avait pour mission de demander aux princes italiens leur coopération pour faire recouvrer à la maison d'Anjou ses droits sur la couronne de Naples.

L'ambassade s'adressa d'abord aux Vénitiens, à qui elle demandait aide et con-

seil pour le roi son maître. Mais les Vénitiens, fidèles à leur système politique, qui
les avait fait surnommer les juifs de la
chrétienté, répondirent qu'ils ne pouvaient promettre leur aide au jeune roi,
attendu qu'ils avaient à se tenir sans cesse
en garde contre les Turcs; que, quant au
conseil, ce serait une présomption trop
grande à eux, que de donner un avis à un
prince entouré de généraux si expérimen-
tés et de ministres si sages.

Perron de Baschi, n'ayant pu obtenir
d'autre réponse, se tourna vers Florence.
Pierre de Médicis l'attendait en grand conseil; car il avait rassemblé pour cette so-

lennité non-seulement les soixante-dix,
mais encore tous les gonfaloniers qui
avaient siégé dans la seigneurie pendant
les trente-quatre dernières années. L'ambassadeur français exposa sa demande :
c'était que la république permît à l'armée
française le passage par ses États, et s'en-
gageât, contre argent comptant, à lui fournir les vivres et les fourrages nécessaires.
La magnifique république répondit que,
si Charles VIII marchait contre les Turcs
au lieu de marcher contre Ferdinand, elle
s'empresserait de lui accorder tout ce qu'il
désirerait ; mais qu'étant attachée à la
maison d'Aragon par un traité d'alliance,

elle ne pouvait la trahir en accordant au
roi de France ce qu'il demandait.

Les ambassadeurs se dirigèrent alors
vers Sienne. La pauvre petite république,
effrayée de l'honneur qu'on lui faisait de
penser à elle, répondit que son désir était
de conserver une exacte neutralité, et
qu'elle était trop faible pour se déclarer
d'avance pour ou contre de pareils rivaux,
forcée qu'elle serait naturellement de se
rattacher au parti du plus fort. Munis de
cette réponse qui avait au moins le mérite
de la franchise, les envoyés français s'a-
cheminèrent vers Rome, et, introduits
devant le pape, lui demandèrent pour leur

roi l'investiture du royaume de Naples.

Alexandre **VI** répondit que, ses prédécesseurs ayant donné cette investiture aux
princes de la maison d'Aragon, il ne pouvait la leur retirer, lui, sans un jugement
qui prouvât que la maison d'Anjou y avait
plus de droits que celle qu'on lui demandait de déposséder. Ensuite il rappela à
Perron de Baschi que, Naples étant un fief
du Saint-Siége, au pape seul appartenait
le choix de son souverain ; que, par conséquent, attaquer celui qui régnait à cette
heure, c'était attaquer l'Église elle-même.

Le résultat de l'ambassade ne promettait
pas , comme on le voit , grande aide à

Charles VIII ; aussi résolut-il de ne compter que sur son allié Louis Sforza, et de
remettre toutes les autres questions à la
fortune de ses armes.

Une nouvelle qui lui arriva vers ce même
temps le fortifia encore dans cette résolution : il apprit la mort de Ferdinand. Le
vieux roi, en revenant de la chasse, avait
été atteint d'une toux catarrhale, qui l'avait
mis en deux jours à toute extrémité. Enfin,
le 25 janvier 1494, il était trépassé, à l'âge
de soixante-dix ans, après un règne de
trente-six, laissant le trône à Alphonse,
son fils aîné, qui avait immédiatement
été nommé son successeur.

Ferdinand n'avait point menti à son titre d'heureux. Il venait de quitter le monde au moment où la fortune allait changer pour sa famille.

Le nouveau roi, Alphonse, n'en était point à ses premières armes : il avait combattu déjà avec avantage les Florentins et les Vénitiens, et avait chassé les Turcs d'Otrante; il passait, en outre, pour un homme aussi subtil que son père dans la politique tortueuse en si grand usage alors parmi les cours de l'Italie; de sorte qu'il ne désespéra pas de joindre à ses alliés l'ennemi même avec lequel il était en guerre au moment où les premières préten-

tions de Charles VIII étaient parvenues jusqu'à lui, nous voulons parler de Bajazet II.

En conséquence, il envoya vers ce prince
Camillo Pandone, un de ses ministres de
confiance, pour faire comprendre à l'empereur des Turcs que l'expédition de
l'Italie n'était pour le roi de France qu'un
prétexte de s'approcher des conquêtes
mahométanes, et qu'une fois sur l'Adriatique, Charles VIII n'aurait qu'un jour ou
deux de traversée à faire pour atteindre
la Macédoine, d'où par terre il pouvait
marcher sur Constantinople. En conséquence, il demandait à Bajazet, pour soutenir leurs intérêts communs, six mille

chevaux et autant de fantassins, dont il
s'engageait à payer la solde tant qu'ils res-
teraient en Italie. Pandone devait être rejoint à Tarente par George Bucciarda, envoyé d'Alexandre VI, chargé de son côté
au nom du pape d'appeler les Turcs à son
aide contre les chrétiens. Cependant, en
attendant la réponse de Bajazet, qui pouvait tarder plusieurs mois, Alphonse demanda une réunion entre Pierre de Médicis, le pape et lui, pour aviser aux choses
d'urgence. Ce rendez-vous fut fixé à Vicovaro, près de Tivoli, et les trois parties
intéressées se trouvèrent réunies au jour
convenu.

Alphonse, qui en partant de Naples avait

déjà réglé l'emploi de ses forces de mer et
donné à Frédéric, son frère, le commandement d'une flotte de trente-cinq galères,
de dix-huit grands vaisseaux et de douze
petits bâtiments, avec lesquels il devait
aller attendre et surveiller à Livourne la
flotte que Charles VIII armait dans le port
de Gênes, venait surtout pour arrêter avec
ses alliés la marche des opérations des
armées de terre. Il avait à sa disposition
immédiate, et sans compter le contingent
que devaient lui fournir ses alliés, cent
escadrons de grosse cavalerie, à vingt
hommes par escadron, et trois mille arbalétriers et chevau-légers. Il proposait, en
conséquence, de s'avancer immédiatement

en Lombardie, d'opérer une révolution en faveur de son neveu Galéas, de chasser Louis Sforza de Milan avant qu'il pût recevoir des secours de France ; de sorte que Charles VIII, au moment de passer les Alpes, trouverait un ennemi qu'il lui faudrait combattre, au lieu d'un allié qui lui avait promis passage, hommes et argent.

C'était à la fois une proposition de grand politique et de hardi capitaine ; mais, comme chacun était rassemblé pour ses propres intérêts, et non pour le bien commun, ce conseil fut reçu froidement par Pierre de Médicis, qui ne se trouvait plus jouer dans la guerre que le même rôle qu'il

avait été menacé de jouer dans l'ambassade, et repoussé par Alexandre **VI**, qui
comptait employer les troupes d'Alphonse
pour son propre compte. En effet, il rappela au roi de Naples qu'une des conditions de l'investiture qu'il lui avait promise était de chasser le cardinal Julien de
la Rovère de la ville, d'Ostie, et de lui remettre cette ville, ainsi que la chose était
convenue. En outre, les faveurs qu'avait
values à Virginio Orsini son ambassade de
Naples avaient soulevé contre ce favori
d'Alexandre **VI**, Prosper et Fabrice Colonna, à qui appartenaient presque tous
les villages des environs de Rome. Or le
pape ne pouvait vivre ainsi au milieu d'en-

nemis si puissants : la chose la plus importante était donc de le délivrer des uns
et des autres, attendu qu'il était important
que celui-là surtout fût tranquille qui était
l'âme et la tête d'une ligue dont les autres
n'étaient que le corps et les membres.

Quoique Alphonse eût parfaitement dé-
mêlé les motifs de la froideur de Pierre de
Médicis, et qu'Alexandre **VI** ne lui eût pas
même donné la peine de chercher les
siens, il n'en fut pas moins obligé d'accéder à la volonté de ses alliés, en laissant
l'un défendre les Apennins contre les Français, et en aidant l'autre à se débarrasser
de ses voisins romagnols. En conséquence,

il pressa le siége d'Ostie, et donna à Virginio, qui commandait déjà à deux cents hommes d'armes du pape, une partie de ses chevau-légers : cette petite armée devait stationner autour de Rome et maintenir les Colonna dans l'obéissance. Quant au reste de ses troupes, il les divisa en deux parties : l'une, qu'il remit aux mains de Ferdinand son fils, et avec laquelle il devait parcourir la Romagne, afin de presser les petits princes de lever et de fournir le contingent qu'ils lui avaient promis, tandis que lui, avec le reste, défendrait les défilés des Abruzzes.

Le 25 avril, à trois heures du matin,

Alexandre VI fut débarrassé du premier et du plus ardent de ses ennemis : Julien de la Rovère, voyant l'impossibilité de tenir plus longtemps contre les troupes d'Alphonse, passa à bord d'un brigantin qui devait le conduire à Savone.

Quant à Virginio Orsini, il commença à compter de ce jour, cette fameuse guerre de partisans qui fit de la campagne de Rome le plus poétique désert qui existe dans le monde entier.

Pendant ce temps, Charles VIII était à Lyon, non-seulement incertain sur la route qu'il devait prendre pour pénétrer en Italie, mais commençant même à réfléchir sur les chances hasardeuses d'une pareille expédition. Excepté chez Louis Sforza, il n'avait trouvé de sympathie nulle part : de sorte qu'il lui paraissait probable qu'il allait avoir à combattre non-seulement le royaume de Naples, mais encore l'Italie tout entière. Il avait dépensé pour ses préparatifs de guerre presque tout l'argent dont il pouvait disposer, la dame de Beaujeu et le duc de Bourbon blâmaient hautement son entreprise, Briçonnet qui l'avait conseillée, n'osait plus la soutenir ; enfin, plus irrésolu que jamais, Charles VIII avait déjà donné contre-ordre à plusieurs corps de troupes qui s'étaient mis en mouvement, lorsque le cardinal Julien de la Rovère, chassé d'Italie par le pape, arriva à Lyon et se présenta devant le roi.

Le cardinal accourait, plein de haine et d'espoir, lorsqu'il trouva Charles VIII près d'abandonner le projet sur lequel l'ennemi d'Alexandre VI appuyait tout son espoir de vengeance. Il raconta à Charles VIII les divisions de ses ennemis; il les lui montra, suivant chacun de son intérêt particulier, Pierre de Médicis celui de son orgueil, et le pape celui de l'agrandissement de sa maison. Il lui exposa qu'il avait des flottes tout armées dans les ports de Villefranche, de Marseille, de Gênes,

dont les armements seraient perdus : il lui
rappela qu'il avait envoyé d'avance Pierre
d'Urfé, son grand-écuyer, pour faire préparer des logements splendides dans les
palais de Spinola et des Doria. Enfin, il
lui montra le ridicule et la honte qui re-
tomberaient de tous côtés sur lui s'il re-
nonçait à une entreprise proclamée si
haut, et pour l'exécution de laquelle il
avait été obligé de conclure trois paix
aussi onéreuses que celles qu'il avait signées avec Henri VII, avec Maximilien, et
avec Ferdinand le Catholique : Julien de
la Rovère avait visé juste en touchant
l'orgueil du jeune roi ; aussi, Charles VIII
n'hésita-t-il plus un seul instant. Il ordonna

à son cousin, le duc d'Orléans, qui fut
depuis Louis XII, de prendre le commandement de la flotte française et de se rendre avec elle à Gênes; il dépêcha un
courrier à Antoine de Bessay, baron de
Tricastel, pour qu'il conduisît à Asti les
deux mille hommes d'infanterie suisse
qu'il avait levés dans les cantons; enfin il
partit lui-même de Vienne en Dauphiné le
2 août 1494, traversa les Alpes au mont
Genève, sans qu'un seul corps de troupes
essayât de lui en disputer le passage, et
descendit dans le Piémont et le Montferrat,
qui étaient en ce moment gouvernés par
deux régentes, les princes Charles-
Jean Aimé, et Guillaume-Jean, souverains

de ces principautés , ayant, l'un six ans ,
et l'autre huit.

Les deux régentes vinrent au-devant de
Charles VIII, l'une à Turin, l'autre à Casal,
toutes deux à la tête d'une cour brillante et
nombreuse, toutes deux couvertes de
joyaux et de pierreries. Charles VIII qui
savait que , malgré ces démonstrations
amicales, toutes deux avaient fait un traité
avec son ennemi, Alphonse de Naples , les
traita toutes deux avec la plus grande cour-
toisie, et comme elles lui protestaient de
leur amitié, il les pria de lui en donner
une preuve; c'était de lui prêter les dia-
mants dont elles étaient couvertes. Les

deux régentes ne purent faire autrement
que d'obéir à cette invitation qui équivalait
à un ordre. Elles détachèrent colliers,
bagues et boucles d'oreilles. Charles VIII
leur en donna un reçu détaillé, et les mit
en gage pour 24,000 ducats : puis, muni
de cet argent, il se remit en route et se dirigea vers Asti, dont le duc d'Orléans avait
conservé, comme nous l'avons dit, la
souveraineté et où vinrent le rejoindre
Louis Sforza, et son beau-père, le prince
Hercule d'Est, duc de Ferrare. Ils ame-
naient avec eux non-seulement les troupes
et l'argent promis, mais encore une cour
composée des plus belles femmes de
l'Italie.

Les bals, les fêtes et les tournois commencèrent avec une magnificence qui sur-
passait tout ce qu'on avait vu jusqu'alors
en Italie. Mais tout à coup ils furent inter-
rompus par une maladie du roi. C'était la
première manifestation en Italie de la
contagion rapportée par Christophe Colomb du Nouveau-Monde, et que les Italiens appelèrent le mal français, et les
Français, le mal italien. Ce qu'il y a de
probable, c'est qu'une partie de l'équi-
page de Christophe Colomb, qui était de
Gênes ou des environs, avait déjà rapporté d'Amérique cette étrange et cruelle
compensation de ses mines d'or.

Cependant, l'indisposition du roi n'ar-

riva point au dégré de gravité qu'on aurait
pu craindre d'abord. Guéri au bout de
quelques semaines, il s'achemina vers
Pavie, où s'en allait mourant le jeune duc
Galéas. Le roi de France et lui étaient
cousins germains, fils de deux sœurs de
la maison de Savoie : Charles VIII ne pouvait donc se dispenser de le voir ; il alla
en conséquence le visiter au château qu'il
habitait plutôt comme prisonnier que
comme seigneur. Il le trouva à demi cou-
ché sur un lit de repos, pâle et exténué
par l'abus des voluptés, disaient les uns,
par un poison lent et mortel, disaient les
autres. Mais quelque envie que le pauvre
jeune homme eût de se plaindre à lui, il

n'osa rien dire ; car son oncle Louis Sforza
ne quitta pas un instant le roi de France.
Cependant, au moment où Charles VIII se
levait pour sortir, une porte s'ouvrit, et
une jeune femme parut, qui vint se jeter
aux pieds du roi : c'était la femme du
malheureux Jean Galéas, qui accourait
supplier son cousin de ne rien faire contre
son père Alphonse, ni contre son frère
Ferdinand : à cette vue, le front de Sforza
se rida, soucieux et menaçant, car il
ignorait encore quelle serait l'impression
que produirait cette scène sur son allié ;
mais il se rassura bientôt : Charles répondit qu'il était maintenant trop avancé
pour reculer, qu'il y allait de la gloire de

son nom ainsi que de l'intérêt de son
royaume, et que c'étaient deux motifs trop
importants pour être sacrifiés au sentiment de pitié qu'il éprouvait, si profond
et si réel qu'il fût. La pauvre jeune femme,
dont cette démarche était le dernier espoir, se releva alors et alla se jeter toute
sanglotante dans les bras de son mari;
Charles VIII et Louis Sforza sortirent :
Jean Galéas était comdamné.

Le surlendemain, Charles VIII partit
pour Florence, accompagné de son allié ;
mais à peine furent-ils à Parme, qu'un messager les rejoignit, annonçant à Louis Sforza que son neveu venait de mourir ; Louis

s'excusa aussitôt auprès de Charles VIII de
ce qu'il le laissait continuer sa route seul ;
mais les intérêts qui le rappelaient à Milan
étaient si graves, disait-il, qu'il ne pouvait,
en pareille circonstance, en rester éloigné
un jour de plus. En effet, il avait à recueil-
lir la succession de celui qu'il avait assas-
siné.

Cependant Charles VIII continuait sa
route, non sans quelque inquiétude. La
vue du jeune prince mourant l'avait profondément ému, car il avait au fond du
cœur la conviction que Louis Sforza était
son meurtrier ; et un meurtrier pouvait
être un traître. Il s'avançait donc au milieu

d'un pays inconnu, ayant devant lui un
ennemi déclaré. et derrière lui un ami
douteux : on commençait à entrer dans les
montagnes, et comme l'armée n'était point
approvisionnée et vivait au jour le jour, la
moindre station forcée amenait la famine,
Or, on avait devant soi Fivizzano, qui n'é-
tait, il est vrai, qu'une bourgade entourée
de murailles ; mais après Fivizzano, Sarzane et Pietra Santa, qui étaient des forteresses regardées comme imprenables : de
plus, on entrait dans un pays malsain surtout en octobre, qui ne produit que de
l'huile, et qui tire son blé même des provinces voisines ; une armée tout entière
pouvait donc y être détruite en quelques

jours par la disette et le mauvais air, plus
encore que par les moyens de résistance
qu'offre à chaque pas le terrain. La situation était grave ; mais l'orgueil de Pierre
de Médicis vint de nouveau en aide à la fortune de Charles VIII.

Pierre de Médicis avait, comme on se le
rappelle, pris l'engagement de fermer l'entrée de la Toscane aux Français ; cependant, lorsqu'il vit son ennemi descendre
des Alpes, moins présomptueux dans ses
propres forces, il demanda du secours au
pape ; mais à peine le bruit de l'invasion
ultramontaine s'était-il répandu dans la
Romagne, que les Colonna s'étaient décla-

rés soldats du roi de France, et, réunissant
toutes leurs forces, s'étaient emparés d'Ostie, où ils attendaient la flotte française,
pour lui offrir un passage vers Rome : le
pape alors, au lieu d'envoyer des troupes
à Florence, fut obligé de rappeler tous ses
soldats autour de sa capitale ; seulement,
il fit dire à Pierre de Médicis, que si Bajazet lui envoyait les troupes qu'il lui avait
fait demander, il mettrait cette armée à sa
disposition. Pierre de Médicis n'avait encore pris aucune résolution ni formé aucun plan, lorsqu'il apprit à la fois deux
nouvelles terribles. Un voisin jaloux, le
marquis de Tordinovo, avait indiqué aux
Français le côté faible de Fivizzano, de

sorte que les Français s'en étaient emparés d'assaut et en avaient passé les soldats
et les habitants au fil de l'épée ; d'un autre
côté, Gilbert de Montpensier, qui éclairait
le bord de la mer pour conserver à l'armée
française ses communications avec sa
flotte, avait rencontré un détachement
que Paul Orsini envoyait à Sarzane, pour
renforcer la garnison, et après un combat
d'une heure l'avait taillé en pièces. Aucun
des prisonniers n'avait été reçu à merci,
tout ce qu'on avait pu atteindre avait été
massacré.

C'était la première fois que les Italiens,
habitués aux combats chevaleresques du

quinzième siècle, se trouvaient en contact
avec les terribles Ultramontains, qui,
moins avancés qu'eux en civilisation, ne
considéraient pas encore la guerre comme
un jeu savant, mais la tenaient bien pour
une lutte mortelle. Aussi, la nouvelle de ces
deux boucheries produisit-elle une grande
sensation à Florence, la ville la plus riche,
la plus commerçante et la plus artiste de
l'Italie. Chacun se représenta les Français
pareils à une armée de ces anciens barbares qui éteignaient le feu avec le sang,
et les prophéties de Savonarole, qui avait
prédit l'invasion ultramontaine et la des-
truction qui la devait suivre, étant reve-
nues à l'esprit de tous, une fermentation

si grande se manifesta, que Pierre de Médicis, résolu d'obtenir la paix à tout prix, fit décréter à la république qu'elle enverrait une ambassade au vainqueur, et obtint, résolu qu'il était de se remettre lui-même entre les mains du roi français, de faire partie de cette ambassade. En conséquence, il quitta Florence, accompagné de quatre autres messagers, et arrivé à Pietra Santa, fit demander à Charles VIII un sauf-conduit pour lui seul. Le lendemain du jour où il avait fait cette demande, Briçonnet et de Piennes vinrent le chercher, et l'amenèrent devant Charles VIII.

Pierre de Médicis, malgré son nom et

son influence, n'était aux yeux de la noblesse française, qui regardait comme un déshonneur de s'occuper d'art ou d'industrie, qu'un riche marchand, avec lequel il était inutile de garder de bien sévères convenances. Aussi, Charles VIII le reçut-il à cheval, en lui demandant d'un ton hautain, et comme un maître à son subordonné, d'où lui était venu cet orgueil, de vouloir lui disputer le passage de la Toscane. Pierre de Médicis répondit que, du consentement de Louis XI lui-même, son père Laurent avait conclu un traité d'alliance avec Ferdinand de Naples ; que c'était donc à des engagements pris qu'il avait été forcé d'obéir ; mais que, ne vou-

lant point pousser plus loin son dévouement à la maison d'Aragon et son opposition à celle de France, il était prêt à
faire tout ce que Charles VIII exigerait de
lui. Le roi, qui ne s'attendait pas à tant
d'humilité de la part de son ennemi, demanda que Sarzane lui fût livrée ; ce à
quoi Pierre de Médicis consentit à l'instant même. Alors, le vainqueur, voulant
voir jusqu'où l'ambassadeur de la magnifique république pousserait la déférence,
répondit que cette concession était loin
de lui suffire, mais qu'il lui fallait encore
les clefs de Pietra Santa, de Pise, de Li-
brafatta et de Livourne. Pierre de Médicis n'y vit pas plus de difficultés que dans

I.   13

celle de Sarzane, et y consentit encore,
sous la seule parole que lui donna Charles VIII, de lui remettre ces villes lorsqu'il
aurait achevé la conquête de Naples. Enfin, Charles VIII, voyant que le négocia-
teur qu'on lui avait envoyé était si facile
en affaires, exigea comme dernière condition, mais aussi comme condition *sine qua
non* de sa protection royale, qu'il lui serait
prêté par la magnifique république une
somme de deux cent mille florins. Pierre,
qui disposait du trésor avec la même facilité que des forteresses, répondit que
ses concitoyens seraient heureux de rendre ce service à leur nouvel allié. Alors,
Charles VIII le fit monter à cheval, et lui

ordonna de marcher devant lui, afin de
commencer l'exécution de ses promesses
par la remise des quatre places fortes qu'il
avait exigées. Pierre de Médicis obéit, et
l'armée française, conduite par le petit-
fils de Cosme le Grand et le fils de Laurent
le Magnifique, continua sa marche triom-
phale à travers la Toscane.

En arrivant à Lucques, Pierre de Médicis apprit que les concessions qu'il avait
faites au roi de France occasionnaient à
Florence une fermentation terrible. Tout
ce que la magnifique république avait cru
qu'exigerait Charles VIII était un simple
passage sur son territoire, le mécontente-

ment de la nouvelle était donc général, quand il fut encore augmenté par le retour des ambassadeurs, que Pierre de Médicis n'avait pas même consultés pour agir ainsi qu'il l'avait fait. Quant à celui-ci, jugeant son retour nécessaire, il demanda à Charles VIII l'autorisation de le précéder dans la capitale. Comme il avait rempli ses engagements, moins l'emprunt, et que l'emprunt ne pouvait se négocier qu'à Florence, le roi n'y vit aucun inconvénient, et le même soir qu'il avait quitté l'armée, Pierre rentra incognito dans son palais de la Via Larga.

Le lendemain, il voulut se présenter à

la seigneurie, mais en arrivant sur la place
du Vieux-Palais, il vit venir à lui le gonfa-
lonier Jacob de Nerli, qui lui signifia qu'il
était inutile qu'il tentât d'aller plus loin,
et qui lui montra Lucas Corsini debout à
la porte, l'épée à la main et ayant derrière
lui des gardes chargés, s'il voulait insis-
ter, de lui disputer le passage. Pierre de
Médicis, étonné d'une pareille opposition,
qu'il éprouvait pour la première foïs, n'es-
saya pas même de la combattre. Il se retira chez lui, et écrivit à Paul Orsini, son
beau-frère, de venir le trouver avec ses
gens d'armes. Malheureusement pour lui, la
lettre fut interceptée. La seigneurie y vit
une tentative de rébellion. Elle appela à

son aide les citoyens ; ceux-ci s'armèrent
à la hâte, sortirent en foule, et s'amas-
sèrent sur la place du Palais. Pendant ce
temps, le cardinal Jean de Médicis était
monté à cheval, et, croyant qu'il allait être
soutenu par Orsini, il parcourait les rues
de Florence, accompagné de ses serviteurs
et jetant son cri de guerre : — Palle !
Palle ! — Mais les temps étaient changés,
ce cri ne trouvait plus d'écho, et lorsque
le cardinal arriva à la rue des Calzaioli, de
tels murmures y répondirent, qu'il com-
prit qu'au lieu de tenter de soulever Florence, ce qu'il avait de mieux à faire était
d'en sortir avant que la fermentation fût
arrivée plus loin. Il se retira prompte-

ment dans son palais, croyant y retrouver Pierre et Julien, ses frères. Mais ceux-ci, sous la protection d'Orsini et de ses gens d'armes, venaient de fuir par la porte de San Gallo. Le péril était imminent, Jean de Médicis voulut suivre leur exemple ; mais partout où il passait des clameurs de plus en plus menaçantes l'accueillaient. Enfin, voyant que le danger s'augmentait toujours, il descendit de cheval, et entra dans une maison qui était ouverte. Cette maison communiquait par bonheur avec un couvent de Franciscains ; un des frères prêta sa robe au fugitif, et le cardinal, protégé par cet humble incognito, parvint enfin à sortir de Florence, et rejoignit ses deux frères dans les Apennins.

Le même jour, les Médicis furent déclarés traîtres et rebelles, et des ambassadeurs furent envoyés au roi de France. Ils le trouvèrent à Pise, où il rendait la liberté à la ville qui depuis quatre-vingt-sept ans était tombée sous la domination des Florentins. Charles VIII ne fit aucune réponse aux messagers, seulement il annonça qu'il allait marcher sur Florence.

Une pareille réponse, comme on le comprend bien , épouvanta la magnifique république. Florence n'avait ni le temps de préparer sa défense, ni la force de se défendre telle qu'elle était. Cependant chaque maison puissante rassembla autour d'elle ses serviteurs et ses vassaux, et, les ayant armés, attendit avec l'intention de ne pas commencer les hostilités, mais aussi avec la détermination de se défendre, si les Français attaquaient. Il fut convenu que si quelque chose nécessitait une prise d'armes, les cloches sonnant à toute volée aux différentes églises de la ville seraient le signal pour tous. Cette résolution était plus terrible à Florence peut-être que dans toute autre ville. Les palais qui restent de cette époque sont encore aujourd'hui de véritables forteresses, et les éternels combats des Guelfes et des

Gibelins avaient familiarisé les Toscans avec la guerre des rues.

Le roi se présenta, le 17 novembre au soir, à la porte de San Friano ; il y trouva la noblesse florentine revêtue de ses habits les plus magnifiques, accompagnée du clergé qui chantait des hymnes, et accompagnée du peuple qui, joyeux de tout changement, espérait obtenir quelque retour de liberté par la chute des Médicis. Charles VIII s'arrêta un instant sous une espèce de baldaquin doré, qu'on avait préparé pour lui, répondit quelques mots évasifs aux paroles de bienvenue que lui adressait la seigneurie ; puis, ayant demandé sa lance, il l'appuya sur sa cuisse et donna l'ordre d'entrer dans la ville, qu'il traversa tout entière avec son armée, qui le suivait les armes hautes, et alla descendre au palais des Médicis, qui avait été préparé pour lui.

Le lendemain, les négociations s'entamèrent; mais chacun était loin de compte. Les Florentins avaient reçu Charles VIII comme un hôte, et celui-ci était entré en vainqueur. Aussi, lorsque les députés de la seigneurie parlèrent de ratifier le traité de Pierre de Médicis, le roi leur répondit que ce traité n'existait plus, puisqu'ils avaient chassé celui qui l'avait fait; que Florence

était sa conquête, comme il l'avait prouvé
en y entrant la veille la lance à la main ;
qu'il s'en réservait la souveraineté, et dé-
ciderait d'elle selon son bon plaisir ; qu'en
conséquence il leur ferait savoir s'il y ré-
tablirait les Médécis, ou s'il déléguerait
son autorité à la seigneurie ; qu'au reste,
ils n'avaient qu'à revenir le lendemain, et
qu'il leur donnerait par écrit son ultima-
tum.

Cette réponse jeta Florence dans la con-
sternation ; mais les Florentins ne s'en af-
fermirent que mieux dans leur résolution
de se défendre. De son côté, Charles VIII
avait été étonné de l'étrange population

de la ville, car non-seulement toutes les
rues par lesquelles il avait passé étaient
encombrées par la foule, mais encore
toutes les maisons, depuis leurs terrasses
jusqu'aux soupiraux des caves, semblaient
regorger d'habitants. En effet, Florence
pouvait, grâce à son surcroît de population, renfermer à peu près cent cinquante
mille âmes.

Le lendemain, à l'heure convenue, les
députés se rendirent près du roi. Introduits de nouveau en sa présence, les dis-
cussions recommencèrent. Enfin, comme
on ne pouvait s'entendre, le secrétaire
royal, qui était debout au pied du trône

sur lequel Charles VIII était assis et couvert, déploya un papier, et commença à
lire, article par article, les conditions du
roi de France. Mais, à peine au tiers de la
lecture, la discussion ayant recommencée
plus ardente encore qu'auparavant, et
Charles VIII ayant dit qu'il en serait ainsi,
ou qu'il ferait sonner ses trompettes, Pierre
Capponi, secrétaire de la république, et
que l'on appelait le Scipion de Florence,
arracha des mains du secrétaire royal la
capitulation honteuse qu'il proposait, et
la mettant en pièces :

« Eh bien ! Sire, lui dit-il, faites sonner
vos trompettes ; nous ferons sonner nos
cloches ! »

Puis, ayant jeté les morceaux à la figure du lecteur stupéfait, il s'élança hors de la chambre, pour donner l'ordre terrible qui allait faire de Florence un champ de bataille.

Cependant, contre toutes les apparences, cette réponse hardie sauva la ville. Les Français crurent que, pour parler si haut, à eux surtout qui n'avaient encore rencontré aucun obstacle, il fallait que les Florentins eussent des ressources ignorées, mais certaines ; les quelques hommes sages qui avaient conservé de l'influence sur le roi lui conseillèrent donc de rabattre de ses prétentions : en effet, Charles VIII présenta de nouvelles conditions plus raisonnables, qui furent acceptées, signées par les deux parties, et publiées le 26 novembre pendant la messe, dans la cathédrale de Sainte-Marie-des-Fleurs.

Voici quelles étaient ces conditions :

La seigneurie devait payer à Charles VIII, à titre de subside, la somme de cent vingt mille florins, en trois termes.

La seigneurie lèverait le séquestre mis sur les biens des Médicis et rapporterait le décret qui met leur tête à prix.

La seigneurie s'engageait à pardonner

aux Pisans leurs offenses, moyennant quoi
ils rentreraient sous l'obéissance des Florentins.

Enfin la seigneurie reconnaîtrait les
droits du duc de Milan sur Sarzane et
Pietra Santa, et ces droits, une fois recon-
nus, seraient appréciés et jugés par ar-
bitres.

En échange de quoi, le roi de France
s'engageait à restituer les forteresses qui
lui avaient été consignées, soit lorsqu'il
se serait rendu maître de la ville de Naples, soit lorsqu'il aurait terminé cette
guerre par une paix ou par une trève de
deux ans, soit enfin, lorsque, par une

1.   14

raison quelconque, il aurait quitté l'I-
talie.

Deux jours après cette proclamation
faite, Charles VIII, à la grande joie de la
seigneurie, quitta Florence et s'avança vers
Rome par la route de Poggibondi et de
Sienne.

Le pape commençait à partager la terreur générale : il avait appris les massa-
cres de Fivizzano, de la Lunigiane et d'Im-
mola ; il savait que Pierre de Médicis avait
livré à Charles VIII les forteresses de la
Toscane, que Florence s'était rendue, et
que Catherine Sforza avait traité avec le
vainqueur ; il voyait les débris des troupes

napolitaines repasser découragées à travers Rome, pour aller se rallier dans les
Abruzzes, de sorte qu'il se trouvait découvert en face d'un ennemi qui s'avançait
vers lui, tenant toute la Romagne d'une
mer à l'autre, et marchant sur une seule
ligne depuis Piombino jusqu'à Ancône.

Ce fut en ce moment qu'arriva à Alexandre VI la réponse de Bajazet : elle n'avait
tant tardé, que parce que l'envoyé pontifical et l'ambassadeur napolitain avaient
été arrêtés par Jean de la Rovère, frère du
cardinal Julien, au moment où ils met-
taient pied à terre à Sinigaglia. Ils étaient
chargés d'une réponse verbale, qui était

que le sultan se trouvant à cette heure pré-
occupé d'une triple guerre, l'une avec le
soudan d'Egypte, l'autre avec le roi de
Hongrie, et la troisième avec les Grecs de
la Macédoine et de l'Épire, il ne pouvait,
malgré son grand désir, aider Sa Sainteté
de ses armes ; mais ils étaient accompa-
gnés d'un favori du sultan, lequel était
porteur d'une lettre particulière pour
Alexandre VI, et dans laquelle Bajazet lui
offrait, à certaines conditions, de l'aider de
son argent. Quoique les messagers eussent
été arrêtés, comme nous l'avons dit, l'envoyé turc n'en trouva pas moins un moyen
de faire parvenir sa dépêche au pape ;
nous la rapportons dans toute sa naïveté :

« Le sultan Bajazet, fils du soudan Mahomet II, par la grâce de Dieu empereur d'A-
sie et d'Europe, au père et au maître de
tous les chrétiens, Alexandre VI, pontife
de Rome et pape par la Providence céleste : après le salut que nous lui devons et
lui donnons de toute notre âme, faisons savoir à votre grandeur, par l'envoyé de sa
puissance Georges Bucciarda, que nous
avons appris sa convalescence, de laquelle nous avons reçu une grande joie et
une grande consolation : puis entre autres
choses, ledit Bucciarda nous ayant rapporté que le roi de France, qui marchait
contre votre grandeur, manifestait le désir
d'avoir entre les mains notre frère D'jem,

qui est en votre puissance, chose qui non-
seulement serait contre notre volonté,
mais dont encore il s'ensuivrait un grand
dommage pour votre grandeur et pour
toute la chrétienté ; en y réfléchissant avec
votre envoyé Georges, nous avons trouvé
une chose excellente pour le repos, pour
l'utilité, pour l'honneur de votre puissance, et en même temps pour notre personnelle satisfaction ; il serait bon que notre dit frère D'jem, qui, en sa qualité
d'homme, est sujet à la mort, et qui est
entre les mains de votre grandeur, trépas-
sât le plus tôt possible, attendu que ce
trépas qui, dans sa position, serait un bonheur, deviendrait très utile à votre puis-

sance, très commode à votre repos, en
même temps que très agréable à moi, qui
suis votre ami ; que si cette proposition,
comme je l'espère, était accueillie par votre grandeur, en son désir de nous être
agréable, mieux vaudrait, pour le bien de
votre grandeur et pour notre propre satisfaction, que ce fût plus tôt que plus tard,
et par le mode le plus sûr qu'il vous plairait d'employer, que ledit D'jem passât des
angoisses de ce monde en un monde meilleur et plus tranquille, dans lequel il trou-
vera enfin le repos : que si votre grandeur
adopte ce projet et qu'elle nous envoie le
corps de notre frère, nous nous engageons,
nous susdit sultan Bajazet, à remettre à

votre grandeur, en quelque lieu et en
quelques mains qu'il lui plaira, la somme
de trois cent mille ducats, avec laquelle
somme elle pourrait acheter quelque beau
domaine à ses enfants, et pour lui faciliter
cet achat, nous consentirions, en attendant
l'évènement, à remettre ces trois cent
mille ducats dans une main tierce, afin
que votre grandeur fût bien certaine de les
recevoir à jour fixe et contre la remise du
corps de notre frère. En outre, je promets
à votre puissance, pour sa plus grande satisfaction, que, tant qu'elle sera sur le
trône pontifical, il ne sera, ni par les miens,
ni par mes serviteurs, ni par mes compatriotes, fait aucun dommage aux chrétiens,

de quelque qualité ou condition qu'ils soient, ni sur mer, ni sur terre, et pour plus grande satisfaction et sûreté de votre grandeur, et afin qu'il ne lui reste aucun doute sur l'accomplissement des choses que je lui promets, j'ai juré et affirmé, en présence de votre envoyé Bucciarda, par le vrai Dieu que nous adorons et sur nos évangiles, qu'elles seraient observées de point en point depuis le premier jusqu'au dernier : et maintenant, pour plus nouvelle et plus complète sécurité de votre grandeur, et afin que votre âme ne conserve aucun doute et soit de nouveau intimement et profondément convaincue, moi, susdit sultan Bajazet, je jure par le

vrai Dieu qui a créé le ciel et la terre, ainsi
que toutes les choses qui sont en eux, je
jure, dis-je, par le seul Dieu que nous
croyons et que nous adorons, d'observer
religieusement tout ce qui a été dit ci-des-
sus, et de ne rien faire ni entreprendre
à l'avenir contre votre grandeur.

» Ecrit à Constantinople, dans notre palais, le 12 septembre 1494 de la naissance
du Christ. »

Cette lettre causa une grande joie au
au saint père, un secours de quatre ou
cinq mille Turcs devenait insuffisant dans
les circonstances où l'on se trouvait, et
ne pouvait que compromettre davantage

le chef de la chrétienté, tandis qu'une somme de trois cent mille ducats, c'est-à-dire de près d'un million, était bonne à recevoir dans quelque circonstance que ce fût. Il est vrai que, tant que D'jem vivait, Alexandre touchait une rente de cent quatre-vingt mille livres, ce qui représentait en viager un capital de près de deux millions ; mais lorsqu'on a besoin d'argent, il faut savoir faire un sacrifice sur l'escompte. Néanmoins Alexandre ne prit aucune résolution, décidé qu'il était à agir selon les circonstances.

Mais une décision plus urgente à prendre était celle qui devait régler la façon dont il se conduirait vis-à-vis du roi de France : il n'avait pas cru aux succès des Français en Italie et, comme nous l'avons vu, avait placé toutes les bases de la grandeur future de sa famille sur son alliance avec la maison d'Aragon. Mais voilà que la maison d'Aragon était chancelante, et qu'un volcan, plus terrible que son Vésuve, menaçait de dévorer Naples. Il fallait donc changer de politique et se rattacher au vainqueur, chose qui n'était pas facile, Charles VIII gardant au pape une profonde rancune de ce qu'il lui avait refusé l'investiture qu'il avait accordée aux Aragonais.

En conséquence, il envoya au roi de

France le cardinal François Piccolomini.
Ce choix parut maladroit au premier
abord, attendu que cet ambassadeur était
le neveu du pape Pie II, qui avait combattu avec acharnement la maison d'Anjou ; mais Alexandre VI avait, en agissant
ainsi, une arrière-pensée que ne pouvaient
pénétrer ceux qui l'entouraient. En effet,
il avait deviné que Charles VIII ne rece-
vrait pas facilement son envoyé, et que,
dans les pourparlers qu'amènerait cette
répugnance, Piccolomini se trouverait né-
cessairement en rapport avec les hommes
qui dirigeaient les actions du jeune roi.
Or, à côté de sa mission ostensible pour
Charles VIII, Piccolomini avait des in-

structions occultes pour ses conseillers les
plus influents. Ces conseillers étaient
Briçonnet et Philippe de Luxembourg :
or Piccolomini était autorisé à leur promettre à tous deux le chapeau de cardinal;
il en résulta que, comme l'avait prévu
Alexandre VI, son envoyé ne put être admis
en présence de Charles VIII et fut obligé de
conférer avec ceux qui l'entouraient. C'était
ce que demandait le pape. Piccolomini
revint à Rome avec le refus du roi, mais
avec la parole de Briçonnet et de Philippe
de Luxembourg de s'employer de tout
leur pouvoir, près de Charles VIII, en
faveur du saint père, et de le préparer à
recevoir une nouvelle ambassade.

Cependant les Français avançaient toujours, ne s'arrêtant jamais plus de quarante-huit heures dans aucune ville; de sorte qu'il devenait de plus en plus urgent de décider quelque chose avec Charles VIII. Le roi était entré à Sienne et à Viterbe sans coup férir; Yves d'Alègre et Louis de Ligny avaient reçu Ostie des mains des Colonna; Civita-Vecchia et Corneto avaient ouvert leurs portes; les Orsini avaient fait leur soumission; enfin Jean Sforza, gendre du pape, s'était retiré de l'alliance aragonaise. Alexandre jugea donc que le moment était venu d'abandonner son allié, et envoya vers Charles les évêques de Concordia, de Terni et

monseigneur Gratian, son confesseur. Ils
étaient chargés de renouveler à Briçonnet
et à Philippe de Luxembourg la promesse
du cardinalat, et avaient pleins pouvoirs
de négocier au nom de leur maître, soit
que Charles VIII voulût bien comprendre
Alphonse II dans le traité, soit qu'il ne
voulût rien signer qu'avec le pape seul.
Ils trouvèrent Charles VIII flottant entre
les insinuations de Julien de la Rovère,
qui, témoin de la simonie du pape, insis-
tait auprès du roi pour qu'il assemblât un
concile et fît déposer le chef de l'Église,
et la protection cachée qui lui accordaient
l'évêque du Mans et l'évêque du Saint-
Malo ; de sorte que le roi, décidé à prendre

lui-même avis des circonstances, et sans
rien arrêter d'avance, continua sa route,
renvoyant au pape ses ambassadeurs et
leur adjoignant le maréchal de Gié, le
sénéchal de Beaucaire et Jean de Gannay,
premier président du parlement de Paris ;
ils étaient chargés de dire au pontife :

1° Que le roi voulait, avant toute chose,
être admis sans résistance dans Rome ;
que moyennant cette admission volontaire, franche et loyale, il respecterait l'autorité du saint père et les priviléges de
l'Église ;

2° Que le roi désirait que D'jem lui fût
remis, afin de s'en faire une arme contre

1.   15

le sultan lorsqu'il transporterait la guerre
soit en Macédoine, soit en Turquie, soit
en Terre-Sainte ;

3° Que quant aux autres conditions, elles
étaient de si peu d'importance, qu'à la
première conférence elles seraient levées.

Les ambassadeurs ajoutèrent que l'armée française n'était plus qu'à deux
journées de Rome, et que le surlendemain au soir Charles VIII viendrait probablement demander lui-même la réponse de
Sa Sainteté.

Il n'y avait pas à compter sur les négociations avec un prince qui agissait d'une
façon si expéditive. Alexandre VI fit donc

prévenir Ferdinand qu'il eût à quitter
Rome le plus tôt possible, dans l'intérêt
de sa propre sûreté. Mais Ferdinand ne
voulut entendre à rien, et déclara qu'il ne
sortirait par une porte que lorsque Charles VIII entrerait par l'autre. Au reste, son
séjour ne fut pas long. Le surlendemain,
vers les onze heures du matin, une senti-
nelle qu'on avait placée en vedette au
haut du château Saint-Ange, où s'était
retiré le pape, cria qu'elle voyait apparaître à l'horizon l'avant-garde ennemie:
aussitôt Alexandre et le duc de Calabre
montèrent sur la terrasse qui domine la
forteresse, et s'assurèrent par leurs propres yeux que le soldat avait dit la vérité.

Alors seulement le duc de Calabre monta
à cheval, et, comme il l'avait dit, sortit
par la porte de San-Sebastiano, au moment même où l'avant-garde française
faisait halte à cinq cents pas de la porte
du peuple. C'était le 31 décembre 1494.

A trois heures de l'après-midi, toute
l'armée étant arrivée, l'avant-garde se remit en marche tambours battant et ensei-
gnes déployées. — Elle était, dit Paul Jove,
témoin oculaire, livre II, page 41 de son
histoire, — elle était composée de Suisses
et d'Allemands aux habits courts, collants
et de couleurs variées ; ils étaient armés
d'épées courtes et acérées comme celles

des anciens Romains, et portaient des lances de bois de frêne de dix pieds de long,
dont le fer était étroit et aigu : un quar.
seulement avaient, au lieu de lances, des
hallebardes dont le fer était taillé en forme
de hache et surmonté d'une pointe à quatre
angles, et dont ils se servaient en frappant
également du tranchant et de la pointe :
le premier rang de chaque bataillon portait des casques et des cuirasses qui défen-
daient la tête et couvraient la poitrine, de
sorte que, lorsque les soldats étaient en
bataille, ils présentaient à leurs ennemis
un triple rang de pointes de fer qui s'a-
baissaient ou se relevaient comme les lances d'un porc-épic. A chaque milier de sol-

dats était attachée une compagnie de cent fusillers; quant aux chefs, ils portaient, pour se distinguer de leurs soldats, de hauts plumets sur leurs casques.

Après l'infanterie suisse, venaient les arbalétriers gascons : ils étaient cinq mille, portant un costume très simple, qui contrastait avec le riche vêtement des Suisses, dont le plus petit les eût dépassés de toute la tête : au reste, excellents soldats, pleins de légèreté et de courage, et réputés surtout par la promptitude avec laquelle ils tendaient et tiraient leurs arbalètes de fer.

Derrière eux venait la cavalerie, c'est-à-dire la fleur de la noblesse française, avec ses casques et ses colliers dorés, ses surcots de velours et de soie, ses épées dont chacune avait un nom, ses écus, dont chacun représentait un domaine, ses couleurs, dont chacune signifiait une passion. Outre ces armes défensives, chaque cavalier portait à la main, comme les gens d'armes italiens, une lance avec une pointe striée et solide, et à l'arçon de la selle une masse d'armes taillée en côtes ou garnie de pointes. Leurs chevaux étaient grands et vigoureux ; mais, selon l'usage français, on leur avait coupé la queue et les oreilles. Ces chevaux, au contraire de ceux des gens d'armes italiens, ne portaient point de ca-

paraçons de cuir bouilli; ce qui les faisait
plus exposés aux coups. Chaque chevalier
était suivi de trois chevaux, le premier
monté par un page armé comme lui, et les
deux autres par des écuyers, que l'on appelait auxiliaires latéraux, de ce que dans
la mêlée ils combattaient à droite et à gauche de leur chef. Cette troupe était non-
seulement la plus magnifique, mais encore
la plus considérable de l'armée; car,
comme il y avait deux mille cinq cents chevaliers, les trois serviteurs qui suivaient
chacun d'eux formaient avec eux un total
de dix mille hommes.

Cinq mille chevau-légers venaient en-

suite, portant de grands arcs de bois, et,
comme les archers anglais, lançant au loin
de longues flèches. Ils étaient d'un grand
secours dans les batailles ; car, se portant
rapidement où l'on avait besoin de secours,
ils pouvaient voler en un instant d'une aile
à l'autre, et de l'arrière-garde à l'avant-
garde, puis, leurs trousses épuisées, repar-
tir au grand galop sans que l'infanterie ni
la grosse cavalerie les pussent suivre.
Leurs armes défensives étaient le casque
et une demi-cuirasse : quelques-uns portaient en outre une lance courte pour clouer
en terre les ennemis renversés : tous
avaient de longs manteaux ornés d'aiguil-
lettes et des plaques d'argent, au milieu

desquelles brillaient les armoiries de leurs
chefs.

Enfin venait l'escorte du jeune roi : quatre cents archers, parmi lesquels cent
Écossais formaient la haie, tandis que
deux cents chevaliers, choisis parmi les
plus illustres, marchaient à pied à côté du
prince, portant sur leurs épaules de pesan-
tes masses d'armes. Au milieu de cette
magnifique escorte s'avançait Charles VIII
couvert, ainsi que son cheval, d'une
splendide armure : à sa droite et à sa gauche, marchaient le cardinal Ascagne
Sforza, frère du duc de Milan, et le cardinal Julien de la Rovère dont nous avons

déjà si souvent parlé, et qui fut depuis
Jules II. Les cardinaux Colonna et Savelli les suivaient immédiatement, et derrière eux Prosper et Fabrice Colonna,
ainsi que tous les princes et généraux
italiens qui s'étaient réunis à la fortune
du vainqueur, et qui marchaient entre-
mêlés avec les grands seigneurs de France.

Depuis longtemps la foule amassée pour
voir tous ces soldats ultramontains, si
nouveaux et si étranges pour elle, écoutait
avec inquiétude un bruit sourd qui allait
se rapprochant, et qui semblait le roule-
ment du tonnerre : bientôt la terre sembla
trembler, les vitres des croisées frémirent,

et derrière l'escorte du roi on vit s'avancer accroupis et bondissant sur leurs affûts
trente-six canons de bronze, traînés chacun par six forts chevaux. La longueur de
ces canons était de huit pieds ; et comme
leur ouverture était assez large pour qu'un
homme y pût passer la tête, on estima
que chacune de ces machines terribles,
presque inconnues encore aux Italiens,
devait peser à peu près six mille livres.
Après les canons venait des couleuvrines
longues de six pieds, et des fauconneaux
dont les plus petits lançaient des boulets de
la grosseur d'une grenade. Cette artillerie
formidable terminait la marche et formait
l'arrière-garde de l'armée française. Il y

avait six heures que la tête avait déjà pé-
nétré dans la ville lorsqu'elle y entra à son
tour; et, comme il faisait nuit, et que sur
six artilleurs il y avait un homme qui portait une torche, cette illumination donnait
encore aux objets qu'elle éclairait un caractère plus sombre que n'eût fait la lumière du soleil. Le jeune roi alla se loger
au palais de Venise, ayant toute cette artillerie braquée sur la place et dans les
rues environnantes. Quant au reste de
l'armée, elle se répandit par la ville.

Le même soir, on apporta au roi de
France, plus encore pour lui faire honneur
que pour le tranquilliser sur sa sûreté, les

clefs de Rome et celles de la porte du jardin du Belvédère. Même chose , au reste ,
avait été faite pour le duc de Calabre.

Le pape s'était, comme nous l'avons dit,
retiré au château Saint-Ange avec six
cardinaux seulement; de sorte que , dès
le lendemain de son arrivée , le jeune roi
se trouva avoir autour de lui une cour
bien autrement brillante que celle du chef
de l'Église. Alors fut remise de nouveau
en question la convocation d'un concile ,
qui , convainquant Alexandre de simonie ,
procéderait à sa déposition. Mais les principaux conseillers du roi , gagnés , comme
nous l'avons dit, firent observer que c'é-

tait un mauvais moment pour soulever un nouveau schisme dans l'Église, que celui où l'on se préparait à marcher contre les infidèles. Comme c'était l'opinion inté-rieure du roi, on n'eut pas grand'peine à le convaincre, et il fut décidé que l'on traiterait avec Sa Sainteté.

Cependant les négociations, à peine commencées, faillirent être rompues ; car la première chose que demanda Charles VIII, fut la remise du château de Saint-Ange ; tandis que, voyant dans ce château sa seule sûreté, c'était, de son côté, la dernière chose que le pape voulait accorder. Deux fois, dans son impatience juvénile, Charles VIII voulut enlever de force ce qu'on ne voulait pas lui céder de bonne volonté, et fit braquer ses canons sur la demeure du saint père ; mais celui-ci resta insensible à ces démonstrations ; et cette fois ce fut, tout obstiné qu'il était, le roi de France qui céda.

On laissa donc de côté cet article, et l'on convint des conditions suivantes :

Il devait y avoir entre Sa Majesté le roi de France et le saint père, à compter de cette heure, sincère amitié et ferme alliance.

En attendant la conquête définitive du royaume de Naples, le roi de France occuperait, pour l'avantage et la commodité de ses armes, les forteresses de Civita-Vecchia, de Terracine et de Spolette.

Enfin, le cardinal Valentino (c'est ainsi que l'on nommait César Borgia, de son archevêché de Valence) suivrait le roi Charles VIII en qualité de légat apostolique, ou plutôt d'ôtage.

Ces conditions arrêtées, on régla le cérémonial de l'entrevue. Le roi Charles VIII quitta le palais de Venise, et vint habiter au Vatican. A une heure convenue, il entra par une porte du jardin attenant au palais, tandis que le pape, qui

n'avait pas quitté le château Saint-Ange,
grâce au corridor qui communique d'un
palais à l'autre, descendait par une autre
porte du jardin. Il résulta de cet arran-
gement qu'au bout d'un instant le roi
aperçut le pape, et s'agenouilla une première fois ; mais le pape fit semblant de
ne pas le voir, de sorte que le roi fit quelques pas encore, et s'agenouilla une seconde fois ; comme en ce moment Sa
Sainteté était masquée par un massif, ce
lui fut encore une nouvelle excuse : de
sorte que le roi, accomplissant le cérémonial entier, se releva encore, et, faisant
de nouveau quelques pas, alla s'age-
nouiller une troisième fois en face du

saint père, qui l'aperçut enfin, et, marchant à lui comme pour empêcher le roi
de se mettre à genoux, ôta sa barrette,
et, le pressant entre ses bras, le releva,
l'embrassa tendrement au front, et ne
voulut pas se recouvrir que le roi lui-
même n'eût mis sa toque sur sa tête, ce
à quoi le pape l'aida de ses propres mains.
Alors, étant restés un instant debout et
ayant échangé quelques paroles de cour-
toisie et d'amitié, le roi supplia instamment Sa Sainteté de vouloir bien agréger
au sacré collége Guillaume Briçonnet,
évêque de Sait-Malo. Comme c'était chose
convenue d'avance entre ce prélat et Sa
Sainteté, quoique le roi l'ignorât, Alexandre

voulut avoir le mérite d'accorder promptement ce qui lui était demandé, et ordonna
à l'instant même à l'un de ses serviteurs
d'aller chercher son fils, le cardinal
Valentino, une cape et un chapeau. Prenant alors le roi de France par la main,
le pape le conduisit dans la salle du
Perroquet, où devait se faire la cérémonie
de réception du nouveau cardinal. Quant
à l'acte solennel du serment d'obéissance
que devait prêter Charles VIII à Sa Sainteté
comme au chef suprême de l'Église
chrétienne, il fut remis au surlendemain.

Ce jour solennel arrivé, tout ce que
Rome avait de puissant dans la noblesse,
dans le clergé et dans les armes, se

rassembla autour de Sa Sainteté ; Charles **VIII**, de son côté, s'avança vers le
Vatican avec une suite splendide de princes, de prélats et de capitaines. Au seuil
du palais, il trouva quatre cardinaux qui
étaient venus au-devant de lui : deux se
placèrent à ses côtés, les deux autres
derrière lui, et tout son cortége suivant
immédiatement, ils traversèrent une longue file d'appartements pleins de gardes
et de serviteurs, et arrivèrent enfin dans
la salle de réception, où le roi était assis
sur son trône, ayant derrière lui son fils
César Borgia. Arrivé à la porte, le roi de
France commença d'accomplir le cérémonial habituel ; et, étant passé des génu-

flexions aux baisements des pieds, de la main et du front, il se tint debout, tandis que le premier président du parlement de Paris, faisant à son tour quelques pas, dit à voix haute :

« Très saint père,

« Voici mon roi tout disposé à prêter à Votre Sainteté le serment d'obéissance qu'il lui doit ; mais il est d'usage én France que celui qui offre à son seigneur son vasselage en reçoive en échange les grâces qu'il lui demande. En conséquence, Sa Majesté, tout en s'engageant de son côté à user vis-à-vis de Votre Sainteté d'une munificence plus grande encore que Votre Sainteté n'aura usé vis-à-vis d'elle, vient la supplier instamment de lui accorder trois faveurs. Ces trois faveurs sont d'abord la confirmation des priviléges déjà accordés au roi lui-même, à la reine son épouse et au dauphin son fils ensuite l'investiture, pour lui et ses successeurs, du royaume de Naples ; enfin la remise entre ses mains de la personne du sultan D'jem, frère de l'empereur des Turcs. »

A ce discours, le pape demeura un instant stupéfait ; car il ne s'attendait pas à ces trois demandes, que, de son côté, Charles VIII n'avait faites si publiquement

que pour lui ôter tout moyen de les lui refuser. Mais, reprenant aussitôt sa présence d'esprit, il répondit au roi qu'il con-
firmerait volontiers les priviléges accordés à la maison de France par ses prédécesseurs ; que par conséquent, il pouvait
considérer cette première demande comme
accordée ; que, quant à l'investiture du
royaume, c'était une affaire à délibérer
dans le conseil des cardinaux, mais qu'il
ferait auprès d'eux tout son possible pour
qu'ils accédassent à ses désirs ; enfin, que,
pour ce qui regardait le frère du sultan, il
remettait à un temps plus opportun de
discuter la chose avec le sacré collége, affirmant que, comme cette remise ne pou-

vait être qu'utile au bien de la chrétienté,
puisqu'elle était demandée dans le but de
rendre le succès d'une croisade plus cer-
tain, ce ne serait pas sa faute si sur ce
point encore le roi n'était point satisfait.

Après cette réponse, Charles VIII s'inclina en signe qu'il était content; et, étant
demeuré debout et découvert en face du
pape, le premier président reprit la parole
en ces termes :

« Très saint père,

» C'est une antique coutume des rois
chrétiens, et particulièrement des rois
très chrétiens de France, de signifier, par
le moyen de leurs ambassadeurs, le res-

pect qu'ils professent pour le Saint-Siége et les souverains pontifes que la Providence divine y élève; mais le roi très chrétion, ayant eu le désir de visiter le tombeau des saints apôtres, a voulu, non par ambassadeur, non par délégué, mais par lui-même, payer cette dette religieuse, qu'il regarde comme sacrée : c'est pourquoi, très saint père, Sa Majesté le roi de France vous reconnaît pour le véritable vicaire du Christ, pour le légitime successeur des apôtres saint Pierre et saint Paul, et vous promet et jure cette foi filiale et respectueuse que les rois ses prédécesseurs sont accoutumés de vous promettre et de vous jurer, se dévouant lui et

toutes ses forces au service de Votre Sainteté et aux intérêts du Saint-Siége. »

Le pape se leva tout joyeux ; car ce serment, fait avec tant de publicité, lui ôtait
toute crainte d'un concile ; aussi, disposé
à accorder, de ce moment, au roi de France tout ce qu'il lui demanderait, il le prit
par la main gauche, lui faisant une courte
mais amicale réponse, et l'appelant le fils
aîné de l'Église. La cérémonie terminée,
ils sortirent de la salle, le pape tenant
toujours le roi par la main, et ils mar-
chèrent ainsi jusqu'à la chambre où l'on
dépose les vêtements sacrés ; là, le pape
feignit de vouloir reconduire le roi jusqu'à

ses appartements ; mais le roi ne le voulant pas souffrir, tous deux se saluèrent
de nouveau et se séparèrent pour se retirer
chacun chez soi.

Le roi resta encore huit jours au Vatican,
puis s'en retourna au palais de Saint-Marc.
Pendant ces huit jours toutes les choses
qu'avait demandées Charles VIII furent
débattues et réglées à sa satisfaction. L'évêque du Mans fut fait cardinal ; l'investiture
du royaume de Naples fut promise au vainqueur; enfin, il fut convenu qu'au moment
de partir, le pape, contre une somme de
cent vingt mille livres, remettrait au roi
de France le frère de l'empereur de Cons-

tantinople. Seulement, voulant pousser jusqu'au bout l'hospitalité qu'il lui avait donnée, le pape invita D'jem à dîner pour le jour même où il devait quitter Rome avec son nouveau protecteur.

Le moment du départ arrivé, Charles VIII monta à cheval tout armé, et se rendit avec une suite brillante et nombreuse au palais du Vatican : arrivé en face de la porte, il descendit de cheval, et, laissant son escorte sur la place Saint-Pierre il monta avec quelques seigneurs seulement. Il trouva Sa Sainteté dans la chambre où l'attendait le pape, ayant à sa droite le cardinal Valentin, à sa gauche D'jem,

qui venait, comme nous l'avons dit, de
dîner à sa table, et autour de lui, treize
cardinaux : aussitôt le roi, ayant fléchi le
genou, demanda au saint père sa bénédiction, et s'inclina pour lui baiser les pieds ;
mais Alexandre **VI** ne le voulut point souffrir, le prit dans ses bras, et avec une
bouche de père et un cœur d'ennemi, le
baisa tendrement au front. Alors le pape
présenta au roi de France le fils de Mahomet II, qui était un beau jeune homme,
ayant quelque chose de noble et de royal
dans l'aspect, et dont le magnifique costume oriental contrastait par son ampleur
et sa forme avec l'habit étroit et sévère des
chrétiens. D'jem s'avança vers Charles **VIII**,

sans humilité, mais sans hauteur, et comme un fils d'empereur qui traite avec un
roi, lui baisa la main, puis l'épaule ; puis,
se retournant vers le saint père, il lui dit
en langue italienne, qu'il parlait très bien,
qu'il le priait de le recommander au grand
roi qui voulait bien le prendre sous sa
protection, assurant le pontife qu'il n'aurait
jamais à se repentir de lui avoir rendu sa
liberté, et disant à Charles VIII qu'il espérait qu'il aurait à se louer de lui, si,
après avoir pris Naples, il passait en Grèce
comme il en avait l'intention. Ces mots
furent dits avec une telle dignité, et en
même temps une douceur si grande, que
le roi de France tendit loyalement et fran-

chement la main au jeune sultan, comme
à un compagnon d'armes. Puis, cette remise faite, Charles VIII prit une dernière
fois congé du pape, et descendit sur la
place. Là il attendit le cardinal Valentin,
qui, ainsi que nous l'avons dit, devait
l'accompagner comme ôtage, et qui était
resté en arrière pour échanger quelques
paroles avec son père. Au bout d'un instant, César Borgia parut, monté sur une
mule splendidement harnachée, et faisant
conduire derrière lui six chevaux magnifiques dont le saint père faisait don au roi
de France. Charles VIII monta aussitôt
sur l'un d'eux pour faire honneur au pape
du cadeau qu'il venait de lui faire, et,

quittant Rome avec le reste de ses troupes,
il s'achemina vers Marino, où il arriva le
même soir.

Là il apprit qu'Alphonse, mentant à sa
réputation d'habile politique et de grand
général, venait de s'embarquer avec tous
ses trésors sur une flotille de quatre galères, laissant le soin de la guerre et le
gouvernement de son royaume à son fils
Ferdinand. Ainsi tout secondait la marche
triomphante de Charles VIII; les portes
des villes s'ouvraient seules à son ap-
proche; ses ennemis fuyaient sans l'attendre, et avant d'avoir livré une seule
bataille il avait déjà acquis le surnom de
conquérant.

1.   17

Le lendemain, au point du jour, l'armée se mit en route, et, après avoir marché toute la journée, s'arrêta le soir à Velletri. Là le roi, qui avait chevauché depuis le matin, accompagné du cardinal Valentin et de D'jem, déposa le premier à son logement, et, emmenant le second avec lui, se rendit au sien. Alors César Borgia, qui avait parmi les bagages de l'armée vingt fourgons pesamment chargés, fit ouvrir un de ces fourgons et en tira un buffet magnifique, avec la vaisselle d'argent nécessaire à sa table, et, comme il avait déjà fait la veille, ordonna de préparer le souper. Pendant ce temps, la nuit étant venue, il s'enferma dans une chambre retirée, et, dépouillant son costume de cardinal, il revêtit un habit de palefrenier. Grâce à ce déguisement, il sortit de la maison qui lui avait été assignée pour son logement sans être reconnu, traversa les rues, franchit les portes et gagna la campagne. A une demi-lieue de la ville à peu près, un domestique l'attendait avec deux chevaux de course. César, qui était un excellent cavalier, sauta en selle, et lui et son compagnon, au grand galop de leurs montures, reprirent le chemin de Rome, où ils arrivèrent au point du jour. César descendit chez M. Flores, auditeur de la Rote, où il se fit amener un cheval frais et apporter des habits convenables; puis, immédiatement,

il se rendit chez sa mère, qui jeta un cri
de joie en l'apercevant ; car, muet et mys-
térieux pour tout le monde, et même pour
elle, le cardinal n'avait rien dit de son pro-
chain retour à Rome.

Ce cri de joie qu'avait poussé la Vanozza
en revoyant son fils était bien moins encore un cri d'amour que de vengeance. Un
soir, pendant que tout était en fête au
Vatican, tandis que Charles VIII et Alexandre VI se juraient une amitié que ni l'un
ni l'autre n'avaient dans le cœur, et échan-
geaient des serments qui d'avance étaient
déjà trahis, un messager était déjà arrivé
de la part de Vanozza, apportant à César

une lettre par laquelle elle le priait de passer sans retard à sa maison de la rue della Lungara. César avait interrogé le messager ; mais celui-ci lui avait répondu qu'il n'avait rien à lui dire, et qu'il apprendrait tout ce qu'il désirait savoir de la bouche même de sa mère. Aussi à peine libre, César, vêtu d'un habit de laïque et enveloppé d'un large manteau , avait-il quitté le Vatican et s'était-il acheminé vers l'église de Regina-Cœli, dans le voisinage de laquelle nous avons dit, on doit se le rappeler, qu'était située la maison qu'habitait la maîtresse du pape.

En approchant de chez sa mère, César

commença de remarquer des signes de
dévastation étranges. La rue était jonchée
de débris de meubles, et de lambeaux
d'étoffes précieuses. En arrivant au bas du
petit perron qui conduisait à la porte d'entrée, il vit que les fenêtres étaient brisées
et que des restes de rideaux flottaient dé-
chirés devant elles ; de sorte que, ne com-
prenant rien à ce désordre, il s'était élancé
dans l'intérieur, avait parcouru plusieurs
appartements déserts et délabrés. Puis
enfin, voyant de la lumière dans une chambre, il y était entré et avait trouvé sa mère
assise sur les débris d'un coffre d'ébène
tout incrusté d'ivoire et d'argent. En apercevant César, elle se leva, pâle, les cheveux

épars ; et lui montrant de la main la dé-
solation qui l'entourait :

—Vois, César, lui dit-elle ; voici l'ouvrage de tes nouveaux amis.

— Qu'y a-t-il donc ma mère ? demanda
le cardinal ; et d'où vient ce désordre qui
vous entoure?

— Il y a, répondit la Vanozza en grin-
çant les dents de rage, que le serpent que
vous avez réchauffé vient de me mordre,
craignant sans doute de se briser les dents
sur vous.

— Qui a fait cela ? s'écria César : dites-
le moi, ma mère, et, par le ciel, je vous le
jure, je le lui rendrai, et bien au-delà.

— Qui a fait cela? reprit Vanozza : le roi Charles VIII, par les mains de ses fidèles alliés les Suisses. On a su que Melchiori était en voyage, et que, par conséquent, je demeurais seule ici avec quelques misérables domestiques ; et alors ils sont venus, brisant les portes comme s'ils avaient pris Rome d'assaut, et, tandis que le cardinal Valentin faisait fête à leur maître, ils pillaient la maison de sa mère, l'abreuvant d'insolences et d'outrages tels qu'on n'eût pas dû en attendre de plus grands des Turcs et des Sarrazins.

— C'est bien, c'est bien, ma mère, dit César ; soyez tranquille, le sang lavera la honte. Quant à ce que nous avons perdu, songez-y, ce n'est rien à côté de ce que nous pouvions perdre ; et mon père et moi, soyez tranquille, nous vous rendrons plus qu'on ne vous a ôté.

— Ce ne sont pas des promesses que je demande, s'écria la Vanozza, c'est une vengeance.

— Ma mère, dit le cardinal, vous serez vengée, ou je perdrai le nom de votre fils.

Et ayant rassuré sa mère par ces paroles, il l'emmena au palais de Lucrèce, qui se trouvait libre par son mariage avec le seigneur de Pesaro, et rentra au Vatican, donnant des ordres pour que la mai-

son de sa mère fût remeublée plus magni-
fiquement qu'avant son désastre. Ces
ordres avaient été ponctuellement suivis,
et c'était au milieu de ce luxe nouveau,
mais avec la même haine dans le cœur,
que César retrouvait sa mère. De là venait
le cri de joie qu'elle avait poussé en le revoyant.

Le fils et la mère échangèrent seulement quelques paroles ; puis César, remontant à cheval, rentra au Vatican, d'où
il était sorti deux jours auparavant comme
ôtage. Alexandre, qui était prévenu d'a-
vance de cette fuite, et qui non-seulement
l'avait approuvée, mais qui encore, en sa

qualité de souverain pontife, avait relevé d'avance son fils du parjure qu'il allait commettre, le reçut avec joie, mais ne lui en conseilla pas moins de se cacher, Charles VIII, selon toutes probabilités, ne devant point tarder à faire réclamer son ôtage.

En effet, le lendemain, au lever du roi, on s'était aperçu de l'absence du cardinal Valentin : et comme Charles VIII s'inquiétait de ne pas le voir paraître, il envoya savoir quelle cause l'empêchait de se rendre auprès de lui. Arrivé au logement qu'avait quitté la veille César, l'envoyé apprit qu'il en était sorti vers les neuf

heures du soir, et n'y était point rentré
depuis. Il retourna porter cette nouvelle
au roi, qui se douta aussitôt qu'il s'était
enfui, et qui, dans le premier mouvement
de sa colère, fit ·connaître ce parjure à
toute l'armée. Les soldats alors se rappe-
lèrent ces vingt fourgons si pesamment
chargés, et de l'un desquels le cardinal, à
la vue de tous, avait fait tirer une si magnifique vaisselle d'or et d'argent, et, ne
doutant pas que les autres ne renfer-
massent des objets aussi précieux, ils se
ruèrent dessus et les mirent en pièces;
mais ils n'y trouvèrent que des pavés ou
du sable; ce qui prouva au roi que cette
fuite était préparée de longue main, et re-

doubla encore sa colère contre le pape.
Aussi, sans perdre de temps, envoya-t-il à
Rome monseigneur Philippe de Bresse,
qui fut depuis duc de Savoie, avec ordre
d'exprimer au saint père tout son mécontentement d'une pareille conduite à son
égard. Mais le pape répondit qu'il ignorait complétement l'évasion de son fils, et
en exprimait ses regrets bien sincères à Sa
Majesté, ne sachant point où il pouvait
être, et affirmant en tout cas qu'il n'était
point à Rome. En effet, cette fois le pape
disait vrai, César s'était retiré avec le cardinal Orsino dans une de ses terres, où il
se tenait momentanément caché. Cette
réponse fut portée à Charles VIII par deux

messagers que le pape lui envoya, et qui
étaient les évêques de Népi et de Sutri. Le
peuple, de son côté, députa un ambassadeur au roi. Cet ambassadeur était
monseigneur Porcari, doyen de la Rote,
lequel était chargé de lui exprimer tout
le déplaisir que les Romains avaient
ressenti en apprenant le manque de parole du cardinal. Quelque peu disposé
que fût Charles VIII à se payer de paroles vides, il lui fallait faire face à des affaires plus importantes : aussi continua-
t-il, sans s'arrêter, sa route vers Naples,
où il entra le dimanche 22 février de l'année 1495.

Quatre jours après le malheureux D'jem,

qui était tombé malade à Capoue, mourut
au château Neuf. En se séparant de lui et
dans le banquet d'adieu, Alexandre **VI**
avait fait sur lui l'essai de ce poison dont
il comptait par la suite faire un si fréquent
usage sur les cardinaux, et dont il devait,
par un juste retour, éprouver enfin l'effet
lui-même. Ainsi, le pape s'était arrangé
pour toucher des deux mains ; et, dans sa
double spéculation sur ce malheureux
jeune homme, il avait à la fois vendu sa
vie cent vingt mille livres à Charles VIII,
et sa mort trois cent mille ducats à Bajazet.

Seulement il y eut retard dans le second

payement; car l'empereur des Turcs,
comme on s'en souvient, ne devait remettre l'or fratricide qu'en échange du cadavre, et le cadavre, par ordre de
Charles VIII, avait été enterré à Gaëte.

Lorsque César Borgia apprit ces nouvelles, il estima, avec raison, que le roi
de France, occupé à s'installer dans sa
nouvelle capitale, avait à penser à trop de
choses pour s'inquiéter de lui : en conséquence, il reparut à Rome, et, pressé de
tenir à sa mère la parole qu'il lui avait
donnée, il y signala son retour par sa vengeance.

Le cardinal Valentin avait à sa solde un

Espagnol dont il avait fait le chef de ses
bravi ; c'était un homme de trente-cinq à
quarante ans, dont la vie entière n'avait
été qu'une longue rébellion contre toutes
les lois de la société ; ne reculant devant
aucune action, pourvu qu'elle lui fût
payée le prix qu'elle valait. Don Michel
Correglia, qui se fit une sanglante célébrité
sous le nom de Michelotto, était bien
l'homme qu'il fallait à César ; aussi, de
même que Michelotto avait pour César un
dévouement sans bornes, César avait en
Michelotto une confiance sans limites. Ce
fut lui que le cardinal chargea d'une partie de sa vengeance ; quant à l'autre, il se
la réserva à lui-même.

I.   18

Don Michel reçut l'ordre de parcourir les campagnes de Rome, et d'égorger tous les Français qu'il y rencontrerait. Il se mit aussitôt à l'œuvre, et quelques jours s'étaient à peine écoulés, qu'il avait déjà obtenu les résultats les plus satisfaisants : plus de cent personnes avaient été pillées et assassinées, et parmi ces dernières était le fils du cardinal de Saint-Malo, qui s'en retournait en France, et sur lequel Michelotto trouva une somme de trois mille écus.

De son côté, César s'était réservé les Suisses ; car c'étaient les Suisses particulièrement qui avaient dévasté la maison

de la Vanozza. Le pape avait à son service
à peu près cent cinquante soldats de cette
nation, qui avaient fait venir leurs familles
à Rome, et s'étaient enrichis tant de leur
paye qu'en exerçant quelque autre industrie. Le cardinal leur fit donner à tous
leur congé, avec ordre de quitter Rome
dans les vingt-quatre heures, et les Etats
romains dans trois jours. Les pauvres dia-
bles, pour obéir à l'ordre reçu, s'étaient
tous réunis, avec leurs femmes, leurs enfants et leur bagage, sur la place Saint-
Pierre, quand tout à coup le cardinal Valentin les fit envelopper de tous côtés par
deux mille Espagnols, qui commencèrent
à tirer sur eux avec des arquebuses et à

les charger à coups de sabre , tandis que
César et sa mère regardaient le carnage
d'une fenêtre. Ils en tuèrent ainsi cinquante ou soixante à peu près ; mais les
autres , s'étant réunis , firent tête aux as-
sassins, et, sans se laisser entamer, batti-
rent en retraite jusqu'à une maison où ils
se fortifièrent et se défendirent si vaillam-
ment, qu'ils donnèrent le temps au pape ,
qui ignorait quel était l'auteur de cette
boucherie , d'envoyer le capitaine de sa
garde , qui , avec l'aide d'un fort détachement qu'il avait amené, parvint à les faire
sortir de la ville au nombre de quarante à
peu près : le reste avait été massacré sur
la place ou avait été tué dans la maison.

Mais ce n'était point là une vengeance véritable ; car elle n'atteignait point Charles VIII, le véritable et seul auteur de toutes les tribulations qu'avaient depuis un an éprouvées le pape et sa famille : aussi César abandonna-t-il bientôt ces machinations vulgaires pour s'occuper de plus hauts intérêts, et s'adonna-t-il de toute la force de son génie à renouer la ligue des princes italiens, rompue par la défection de Sforza, par l'exil de Pierre et par la défaite d'Alphonse.

Cette entreprise s'accomplit avec plus de facilité que le pape ne s'y était attendu. Les Vénitiens n'avaient pas vu sans inquié-

tude Charles VIII passer si près d'eux , et
ils tremblaient que, maître une fois de
Naples, il n'eût l'idée de conquérir le reste
de l'Italie. De son côté, Ludovic Sforza
commençait à craindre, en voyant la rapidité avec laquelle le roi de France avait dé-
trôné la maison d'Aragon , qu'il ne fît
bientôt plus de différence entre ses alliés
et ses ennemis. Maximilien , à son tour, ne
cherchait plus qu'une occasion de rompre
la paix momentanée qu'il avait accordée à
force de concessions. Enfin Ferdinand et
Isabelle étaient alliées à la maison détrô-
née. De sorte que tous, ayant, quoique
avec des intérêts différents , une crainte
commune , furent bientôt d'accord sur la

nécessité de chasser Charles VIII, non-
seulement de Naples, mais encore de l'Italie, et s'engagèrent, par tous les moyens
qui seraient en leur pouvoir , soit par négociations , soit par surprise , soit par
force, à contribuer à cette expulsion. Les
Florentins seuls refusèrent de prendre
part à cette levée de boucliers, et restèrent
fidèles à la parole donnée.

D'après les articles arrêtés entre les confédérés , l'alliance devait durer vingt-cinq
ans, et avait pour but ostensible de défendre la majesté du pontife romain et les intérêts de la chrétienté ; de sorte que l'on
aurait pu prendre ces préparatifs pour

ceux d'une croisade contre les Turcs, si
l'ambassadeur de Bajazet n'avait pas constamment assisté à toutes les délibérations,
quoique par pudeur les princes chrétiens
n'osassent point admettre en nom dans la
ligue l'empereur de Constantinople. Au
reste, les confédérés devaient mettre sur
pied une armée de trente-quatre mille chevaux et de vingt mille fantassins, et chacun
s'était taxé pour un contingent; de sorte
que le pape était tenu de fournir quatre
mille chevaux, Maximilien six mille, le roi
d'Espagne, le duc de Milan et la républi-
de Venise, chacun huit mille. Chaque con-
fédéré devait en outre lever et équiper
dans les six semaines de la signature du

traité quatre mille fantassins. Les flottes seraient fournies par les Etats maritimes ; mais les frais qu'elles auraient occasionnés seraient également répartis sur tous.

Cette ligue fut publiée le 12 avril 1495, jour du dimanche des Rameaux, dans tous les Etats d'Italie, et particulièrement à Rome, au milieu de fêtes et de réjouissances infinies. Presque aussitôt la publication de ces articles ostensibles, les confédérés commencèrent de mettre à exécution les articles secrets. Ces articles obligeaient Ferdinand et Isabelle à envoyer à Ischia, où le fils d'Alphonse s'était retiré, une flotte de soixante galères, portant six cents cavaliers et cinq mille fantassins, pour l'aider à remonter sur le trône. Ces troupes devaient être mises sous le commandement de Gonzalve de Cordoue, à qui la prise de Grenade venait de donner la réputation du premier général de l'Europe. De leur côté, les Vénitiens devaient attaquer, avec une flotte de quarante galères, sous les ordres d'Antonio Grimani, tous les établissements que les Français auraient sur les côtes de la Calabre et de Naples. Quant au duc de Milan, il s'engageait à arrêter tous les secours qui viendraient de France et à chasser le duc d'Orléans d'Asti.

Restait Maximilien, qui s'était engagé à

envahir les frontières de France, et Bajazet, qui devait aider de son argent, de sa
flotte et de ses soldats tantôt les Vénitiens,
tantôt les Espagnols, selon qu'il serait
appelé par Barberigo ou par Ferdinand le
Catholique.

Cette ligue était d'autant plus inquié-
tante pour Charles VIII, que l'enthousiasme avec lequel il avait été reçu s'était
promptement calmé. C'est qu'il lui était
arrivé et ce qui arrive d'ordinaire aux con-
quérants qui ont plus de fortune que de
génie ; au lieu de se faire parmi les grands
vassaux napolitains et calabrais un parti
dont les racines tinssent au sol même, en

confirmant leurs priviléges, et en augmen-
tant leur puissance, il les avait blessés en
accordant tous les titres, tous les emplois,
tous les fiefs, à ceux qui l'avaient suivi de
France ; de sorte que toutes les charges du
royaume étaient occupées par des étran-
gers. Il en résulta qu'au moment même où
la ligue était proclamée, Tropée et Amen-
tea, que Charles VIII avaient données au
seigneur de Précy, se révoltèrent et arbo-
rèrent la bannière d'Aragon; que la flotte
espagnole n'eut qu'à se présenter devant
Reggio en Calabre pour que cette ville,
plus mécontente encore de la domination
nouvelle que de l'ancienne, lui ouvrit à
l'instant même ses portes, et que don Fré-

déric, frère d'Alphonse et oncle de Ferdinand, qui n'avait au reste jamais quitté
Brindes, n'eût qu'à se présenter devant
Tarente pour y être reçu comme un libé-
rateur.

Charles VIII apprit toutes ces nouvelles
à Naples, lorsque, déjà las de sa nouvelle
conquête, qui nécessitait un travail d'or-
ganisation dont il était incapable, il tour-
nait les yeux vers la France, où l'attendaient les fêtes de la victoire et le
triomphe du retour. Aussi céda-t-il aux
premiers avis qui lui conseillèrent de reprendre le chemin de son royaume, menacé, comme nous l'avons dit, au nord par

les Allemands, et au midi par les Espa

gnols. En conséquence, il nomma Gilbert

de Montpensier, de la maison de Bourbon,

son vice-roi; d'Aubigny, de la maison

Stuart d'Ecosse, lieutenant en Calabre;

Etienne de Vèse, commandant de Gaëte,

et don Julien, Gabriel de Montfaucon,

Guillaume de Villeneuve, Georges de Silly,

le bailly de Vitry, et Graziano Guerra, gou-

verneurs de Santo-Angelo, de Manfredonia,

de Trani, de Catanzaro, d'Aquila et de

Sulmone; puis, laissant au représentant

de ses droits la moitié des Suisses, une

partie des Gascons, huit cents lances fran-

çaises et environ cinq cents hommes d'ar-

mes italiens, ces derniers sous le commandement du préfet de Rome, de Prosper et de Fabrice Colonna et d'Antonio Savelli, il sortit de Naples le 20 mai, à deux heures de l'après-midi, pour traverser toute la péninsule italienne avec le reste de son armée, qui se composait de huit cents lances françaises, et deux cents gentilshommes de sa garde, et de cent hommes d'armes italiens, de trois mille fantassins suisses, de mille Français et de mille Gascons. Il comptait en outre être rejoint en Toscane par Camille Vitelli et ses frères, qui devaient lui amener deux cent cinquante hommes d'armes.

Huit jours avant son départ de Naples,

Charles VIII avait envoyé à Rome monseigneur de Saint-Paul, frère du cardinal de Luxembourg ; et au moment où il allait se mettre en route, il expédia de nouveau l'archevêque de Lyon : tous deux avaient mission d'assurer Alexandre que le roi de France était dans le désir le plus sincère et dans la plus ferme volonté de demeurer son ami. En effet, Charles VIII ne désirait rien tant que de détacher le pape de la ligue, afin de s'en faire un soutien spirituel et temporel : mais un jeune roi ardent, ambitieux et brave, n'était pas le voisin qui convenait à Alexandre ; il ne voulut donc entendre à rien, et comme les troupes qu'il avait demandées au doge et à Ludovic

Sforza ne lui avaient point été envoyées en nombre suffisant pour défendre Rome, il se contenta de faire approvisionner le château Saint-Ange, y mit une formidable garnison, laissa le cardinal de Saint-Anastase pour recevoir Charles VIII, et se retira avec César à Orviette.

Charles VIII ne demeura que trois jours à Rome, désespéré qu'il était que, malgré ses prières, Alexandre VI eût refusé de l'y attendre. Aussi, pendant ces trois jours, au lieu d'écouter les avis de Julien de la Rovère, qui lui conseillait de nouveau d'assembler un concile et de déposer le pape, il fit remettre aux officiers roma-

I. 19

gnols, espérant ramener le pape vers lui
par ce bon procédé, les citadelles de Terracine et de Civita-Vecchia, ne gardant que
celle d'Ostie, qu'il avait promis à Julien de
lui rendre. Enfin, ces trois jours écoulés,
il sortit de Rome, et se dirigea, sur trois
colonnes, vers la Toscane, traversa les
États de l'Église, et, le 15, arriva à Sienne,
où il fut rejoint par Philippe de Commines,
qu'il avait envoyé comme ambassadeur
extraordinaire près la république de Venise, et qui lui annonça que ses ennemis
avaient quarante mille hommes sous les
armes, et s'apprêtaient à le combattre.
Cette nouvelle ne produisit d'autre effet
que d'exciter outre mesure la gaieté du roi

et des gentilshommes de son armée; car
ils avaient pris un tel dédain de leurs ennemis dans leur facile conquête, qu'ils ne
croyaient pas qu'une armée, si nombreuse
qu'elle fût, osât leur disputer le passage.

Force fut cependant à Charles VIII de se
rendre à l'évidence, lorsqu'il apprit à San-
Teranzo que l'avant-garde, commandée
par le maréchal de Gié, et composée de
six cents lances et de quinze cents Suisses,
s'était, en arrivant à Fornovo, trouvée en
face des confédérés, qui avaient assis leur
camp à Guiarole. Le maréchal avait fait
halte à l'instant même, et avait de son côté
disposé ses logis, profitant de la hauteur

où il se trouvait pour se faire une défense de la nature même du terrain. Puis, ces premières mesures prises, il avait envoyé, d'une part, un trompette au camp ennemi, pour demander à François de Gonzague, marquis de Mantoue, généralissime des troupes confédérées, passage pour l'armée de son roi, et des vivres à un prix raisonnable, et de l'autre, il avait expédié un courrier à Charles VIII, en l'invitant à hâter sa marche, ainsi que celle de l'artillerie et de l'arrière-garde. Les confédérés avaient fait une réponse évasive ; car ils balançaient s'ils compromettraient en un seul combat toutes les forces de l'Italie, ou si, risquant le tout pour le tout, ils tenteraient d'anéantir le roi de France et son armée, ensevelissant ainsi le conquérant dans sa conquête. Quant à Charles VIII, on le trouva occupé à inspecter le passage des derniers canons par-dessus la montagne de Pontremoli : ce qui n'était point chose facile, attendu que, comme il n'y avait point de sentier tracé, on avait été obligé de les monter et de les descendre à force de bras : ce qui occupait jusqu'à deux cents hommes pour une seule pièce. Enfin, toute l'artillerie étant arrivée sans accident de l'autre côté des Apennins, Charles VIII partit en toute hâte pour Fornovo, où il arriva avec toute sa suite le lendemain dans la matinée.

Du sommet de la montagne où le maréchal de Gié était campé, le roi de France
découvrait à la fois et son camp et celui de
l'ennemi ; chacun d'eux était posé sur la
rive droite du Taro, et à chaque extrémité
de cercle d'une chaîne de collines placée
en amphithéâtre ; de sorte que l'intervalle
situé entre les deux camps, vaste bassin
où s'étendait dans ses crues hivernales le
torrent qui lui servait de limites, n'était
qu'une plaine couverte de gravier, où il
était aussi difficile à la cavalerie qu'à l'infanterie de manœuvrer : en outre, un petit
bois, qui suivait le versant occidental des
collines, s'étendait de l'armée ennemie à
l'armée française, et était occupé par les

Stradiotes, qui, grâce à lui, avaient déjà engagé quelques escarmouches avec nos troupes pendant les deux jours où elles avaient fait halte pour attendre le roi.

La situation n'était pas rassurante. Du sommet de la montagne qui dominait Fornovo, la vue, comme nous l'avons dit, embrassait les deux camps, et pouvait facilement calculer la différence numérique de chacun d'eux. En effet, l'armée française, affaiblie par les diverses garnisons qu'elle avait été forcée de laisser dans les villes et les forteresses que nous avions conservées en Italie, s'élevait à peine à huit mille combattants, tandis que l'armée milano-vénitienne dépassait un total de trente-cinq mille hommes. Charles VIII résolut donc de tenter de nouveau les voies de la conciliation, et envoya Commines, qui, ainsi que nous l'avons dit, l'avait rejoint en Toscane, aux provéditeurs vénitiens qu'il avait connus dans son ambassade, et sur lesquels, grâce à l'estime qu'on faisait généralement de son mérite, il avait pris une grande influence. Il était chargé de dire, au nom du roi de France, aux chefs de l'armée ennemie, que son maître ne désirait rien autre chose que continuer sa route sans faire ni recevoir aucun dommage ; qu'en conséquence il demandait un passage libre à travers ces belles plaines de la Lombardie, qui, des hauteurs d'où il était placé, se déroulaient à perte de vue jusqu'au pied des Alpes.

Commines trouva l'armée confédérée en grandes dissensions : l'avis des Milanais et des Vénitiens était de laisser passer le roi sans l'attaquer, trop heureux, disaient-ils, qu'il abandonnât ainsi l'Italie sans y avoir causé d'autre dommage ; mais les ambassadeurs d'Espagne et d'Allemagne pensaient autrement que leurs alliés. Comme leurs maîtres n'avaient point de troupes dans l'armée, et que les dépenses qu'ils devaient faire étaient faites, ils ne pouvaient que profiter à une bataille, puis-

que, gagnée, ils recueillaient les fruits de
la victoire, et, perdue, ils n'éprouvaient
aucunement les dommages de la défaite.
Cette dissidence dans les opinions fit qu'on
remit au lendemain la réponse à faire à
Commines, et que l'on arrêta que le lendemain il aurait une nouvelle conférence
avec un plénipotentiaire que l'on nomme-
rait pendant la nuit: cette conférence devait se tenir entre les deux armées.

Le roi passa la nuit dans une grande inquiétude; toute la journée le temps avait
menacé de tourner à la pluie, et nous
avons dit avec quelle rapidité croissait le
Taro; la rivière, guéable encore aujour-

d'hui, pouvait donc, dès le lendemain présenter un obstacle insurmontable; et ce
délai n'avait été demandé peut-être que
pour empirer encore la position de l'armée
française. En effet la nuit fut à peine venue, qu'un orage terrible se déclara, et
tant que dura l'obscurité, il emplit l'Apen-
nin de rumeurs, et sillonna le ciel d'éclairs.
Au point du jour, cependant, il parut se
calmer un peu ; mais déjà le Taro, qui la
veille n'était encore qu'un ruisseau, était
devenu un torrent et montait rapidement
le long de ses rives. Aussi, dès six heures
du matin, le roi, déjà armé et à cheval,
appela Commines et lui ordonna d'aller
au rendez-vous que lui avaient assigné les

provéditeurs vénitiens, mais à peine ache-
vait-il de lui donner cet ordre, que l'on
entendit de grands cris à l'extrême droite
de l'armée française. Les Stradiotes, grâce
au bois qui s'étendait entre les deux camps,
avaient surpris un poste; et, après l'avoir
égorgé, ils emportaient, selon leur habitude, les têtes des morts à l'arçon de leurs
selles. Un détachement de cavalerie s'était
mis à leur poursuite; mais, pareils à des
bêtes fauves, ils étaient rentrés dans les
bois qui leur servaient de retraite, et y
avaient disparu.

Cet engagement inattendu, préparé, selon toutes les probabilités, par les ambas-

sadeurs espagnols et allemands, produisit
sur toute la ligne l'effet d'une étincelle sur
une traînée de poudre. Commines, de son
côté, et les provéditeurs vénitiens du leur,
tentèrent vainement de suspendre le combat de part et d'autre : des troupes légères,
pressées d'escarmoucher, et n'écoutant,
comme c'était assez l'habitude à cette époque, que l'impulsion dangereuse du courage personnel, en étaient venues aux
mains, descendant vers la plaine comme
dans un cirque, et cherchant à faire de
belles armes. Un instant le jeune roi, en-
traîné par l'exemple, fut sur le point d'ou-
blier aussi sa responsabilité de général
pour agir en soldat ; mais le maréchal de

Gié, messire Claude de la Châtre, et MM. de
Guise et de la Trémouille, arrêtèrent ce
premier élan et déterminèrent Charles VIII
à prendre le parti le plus sage, qui était de
traverser le Taro sans chercher le combat,
mais aussi sans l'éviter, si les ennemis,
passant de l'autre côté de la rivière, ten-
taient de nous fermer le passage. En conséquence, le roi, d'après les avis de ses
plus sages et de ses plus vaillants capitaines, disposa ainsi ses batailles :

La première comprenait l'extrême
avant-garde et un corps destiné à la soutenir ; elle comptait, l'avant-garde, trois
cent cinquante hommes d'armes, les meil-

leurs et les plus braves de l'armée , commandés par le maréchal de Gié et par Jac-
ques Trivulce , et , dans le corps qui suivait , trois mille Suisses , sous la conduite
d'Engelbert de Clèves et de Lornay, grand
écuyer de la reine : puis venaient trois
cents archers de la garde , que le roi avait
fait mettre à pied pour qu'ils pussent soutenir la cavalerie en combattant dans les
intervalles.

La seconde bataille, dirigée par le roi en
personne, et qui formait le corps d'armée,
se composait de l'artillerie, commandée
par Jean de Lagrange ; des cent gentilshommes de la garde, dont Gilles Carronel

portait la bannière ; des pensionnaires de la maison du roi, sous les ordres d'Aymar de Prie ; des Ecossais ; de deux cents arbalétriers à cheval, et du reste des archers français, conduits par M. de Crussol.

Enfin, la troisième bataille, ou l'arrière-garde, précédée des bagages, portés par six mille bêtes de somme, comptait trois cents hommes d'armes seulement, commandés par MM. de Guise et de la Trimouille : c'était la partie la plus faible de l'armée.

Cette ordonnance arrêtée, Charles VIII ordonna à l'avant-garde de traverser la rivière, ce qu'elle fit à l'instant même, en

face de la petite ville de Fornovo, les cavaliers ayant de l'eau jusqu'au mollet, et
les fantassins se tenant à la queue des chevaux ; puis, lorsqu'il vit les derniers soldats de cette première partie de l'armée
sur l'autre rive, il se mit en route à son
tour pour suivre le même chemin et passer au même gué, ordonnant à MM. de
Guise et de la Trimouille de régler la
marche de l'arrière - garde sur celle du
corps d'armée, comme il avait réglé la
marche du corps d'armée sur celle de
l'avant-garde.

Ses ordres furent ponctuellement suivis,
et, vers les dix heures du matin, toute l'ar-

mée française se trouva sur la rive gauche du Taro : à l'instant même, et comme, par les dispositions de l'armée ennemie, le combat devenait imminent, les bagages, sous la conduite du capitaine Odet de Riberac, se séparèrent de l'arrière-garde et se portèrent sur l'extrême gauche.

En effet, François de Gonzague, général en chef des troupes confédérées, avait réglé ses dispositions sur celles du roi de France : par son ordre, le comte de Cajazzo, avec quatre cents gens d'armes et deux mille fantassins, avait passé le Taro à la hauteur du camp vénitien, et devait faire tête à l'avant-garde française, tandis

que lui , remontant la rive droite jusqu'à
Fornovo , franchirait la rivière par le
même gué qu'avait suivi Charles VIII, afin
d'attaquer son arrière-garde. Enfin il avait
placé les Stradiotes ente ces deux passa-
ges , avec ordre , aussitôt qu'ils verraient
l'armée française attaquée en tête et en
queue, de traverser la rivière à leur tour
et de tomber sus ses flancs. Outre ces mesures d'attaque, François de Gonzague
avait encore pris ses précautions pour la
retraite en laissant trois corps de réserve
sur l'autre rive , l'un qui gardait le camp
sous les ordres des provéditeurs vénitiens,
et les deux autres commandés , le premier
par Antoine de Montefeltro , et le second

par Annibal Bentivoglio, et qui étaient
échelonnés de manière à se soutenir.

Charles VIII avait remarqué toutes ces
dispositions, et y avait reconnu cette sa-
vante stratégie italienne qui faisait des
généraux de cette nation les premiers tac-
ticiens du monde; mais, comme il n'y
avait pas moyen d'éviter le danger, il s'é-
tait décidé de passer à travers, et avait
ordonné de continuer la route; mais bientôt l'armée française se trouva prise entre
le comte de Cajazzo, qui barrait le passage
avec ses quatre cents gens d'armes et ses
deux mille fantassins, et François de Gonzague, qui, ainsi que nous l'avons dit, s'é-

tait mis à la poursuite de l'arrière - garde
avec six cents hommes d'armes, la fleur de
son armée, un escadron de Stradiotes, et
plus de cinq mille fantassins : cette seule
bataille était plus forte que toute l'armée
française.

Cependant, lorsque MM. de Guise et de
La Trimouille se sentirent serrés ainsi, ils
ordonnèrent à leurs deux cents hommes
d'armes de faire volte-face, tandis qu'à
l'extrémité opposée, c'est-à-dire à la tête
de l'armée, le maréchal de Gié et Trivulce
faisaient faire halte et commandaient de
mettre les lances en arrêt. Pendant ce
temps, selon la coutume, le roi, placé,

comme nous l'avons dit, au centre, armait chevaliers les gentilshommes qui, par leur valeur personnelle ou par l'amitié qu'il leur portait, avaient des droits à cette faveur.

Tout à coup un choc terrible retentit derrière lui : c'était l'arrière-garde française qui en venait aux mains avec le marquis de Mantoue. A cette rencontre, où chacun avait choisi son homme comme dans un tournoi, grand nombre de lances se brisèrent, et surtout entre les mains des chevaliers italiens ; car leurs lances, à eux, étaient creuses pour être moins lourdes, et, par conséquent, se trouvaient être moins solides. Aussitôt ceux qui étaient désarmés mirent l'épée à la main, et comme ils étaient beaucoup plus nombreux que les nôtres, le roi les vit tout à coup déborder notre aile droite, de sorte qu'ils semblaient prêts à nous envelopper : en même temps de grands cris retentirent en face du centre ; c'étaient les Stradiotes qui traversaient la rivière, afin d'exécuter leur attaque.

Le roi divisa aussitôt son corps d'armée en deux détachements, et, donnant l'un au bâtard de Bourbon, afin qu'il fît face aux Stradiotes, il s'élança avec l'autre au secours de l'avant-garde, se jetant au milieu

de la mêlée, frappant en roi, mais combattant comme le dernier de ses capitaines. Secondée par ce renfort, l'arrière-
garde tint bon, quoique les ennemis fussent cinq contre un, et le combat, sur ce
point, continua avec un acharnement
merveilleux.

Selon l'ordre qu'il avait reçu, le bâtard
de Bourbon s'était élancé au-devant des
Stradiotes ; mais, ayant été emporté par
son cheval, il était entré si profondément
dans leurs rangs qu'il y avait disparu :
cette perte de leur chef, jointe au costume
étrange de ces nouveaux antagonistes et à
la façon particulière dont ils combattaient,

produisit quelque impression sur ceux qui devaient leur faire tête ; de sorte que le désordre se mit un moment parmi le centre, et que les cavaliers s'éparpillèrent au lieu de se tenir serrés et de combattre en corps. Cette fausse manœuvre leur eût été désavantageuse, si la plupart des Stradiotes, voyant les bagages isolés et sans défense, n'avaient, dans l'espoir du butin, couru à eux, au lieu de poursuivre leur avantage. Cependant le gros de la troupe demeura à combattre, pressant vivement les chevaliers français dont ils tranchaient les lances avec leurs terribles cimeterres. Heureusement le roi, qui venait de repousser l'attaque du marquis de

Mantoue, vit ce qui se passait derrière lui,
et, revenant à grande course de cheval au
secours de son centre, il tomba sur les
Stradiotes avec les gentilshommes de sa
maison, non plus armé de sa lance, car il
venait de la briser, mais de sa longue
épée, que l'on voyait flamboyer autour de
lui comme un éclair, si bien que, soit qu'il
fût emporté par son cheval, comme le bâtard de Bourbon, soit qu'il se laissât entraîner à son courage, il se trouva tout à
coup au plus pressé des Stradiotes, accompagné seulement de huit des gentilshommes qu'il venait de faire, d'un de ses
écuyers nommé Antoine des Ambus et
de son porte-bannière, criant : *France!*

France! pour rallier tous ces gentilshommes épars, qui, voyant enfin que le
danger était moins grand qu'ils ne l'a-
vaient cru, commençaient à prendre leur
revanche, et à rendre avec usure aux Stradiotes les coups qu'ils en avaient reçus.

Les choses allaient encore mieux à l'a-
vant-garde que le marquis de Cajazzo devait attaquer, car, quoique à la tête d'une
bataille fort supérieure en nombre à celle
des Français, et quoiqu'il eût paru animé
d'abord des plus formidables intentions,
il s'arrêta court en chargeant, à la distance
de dix ou douze pas de notre front de bataille, et fit volte-face sans rompre une

seule lance. Les Français voulurent les
poursuivre ; mais le maréchal de Gié, craignant que cette fuite ne fût un piége pour
éloigner l'avant-garde du centre, ordonna à chacun de se tenir en place : cependant les Suisses Allemands, qui ne
comprenaient pas cet ordre, ou qui ne le
prirent pas pour eux, s'élancèrent à leurs
trousses, et, quoique à pied, ils les joigni-
rent et leur tuèrent une centaine d'hommes ; ce qui suffit pour mettre un tel désordre parmi eux que les uns s'éparpillèrent dans la plaine et que les autres se
jetèrent à l'eau pour traverser la rivière
et rejoindre leur camp ; ce que voyant le
maréchal de Gié, il détacha une centaine

d'hommes d'armes pour aller secourir le roi, qui, continuant de combattre avec un courage inouï, courait les plus grands dangers, séparé qu'il était constamment de ses gentilshommes, qui ne pouvaient le suivre ; car partout où il y avait du danger il s'y précipitait, criant *France!* et s'inquiétant peu si on le suivait. Aussi n'était-ce plus avec son épée qu'il combattait, il y avait longtemps qu'il l'avait brisée comme sa lance, mais avec une lourde hache d'armes dont tous les coups étaient mortels, soit qu'il frappât du tranchant, soit qu'il frappât de la pointe. Aussi les Stradiotes, déjà fortement pressés par la maison du roi et par les pensionnaires, passèrent-ils bientôt de l'attaque à la défense et de la défense à la fuite. Ce fut en ce moment que le roi courut le plus grand danger ; car, s'étant laissé emporter à la poursuite des fuyards, il se trouva bientôt seul enveloppé de ces hommes qui, s'ils n'eussent point été frappés d'une telle terreur, n'auraient eu qu'à se réunir pour l'étouffer lui et son cheval ; mais, comme dit Commines : — Est bien gardé celui que Dieu garde, —Et Dieu gardait le roi de France.

FIN DU PREMIER VOLUME.

Sceaux, impr. de E. Dépée.

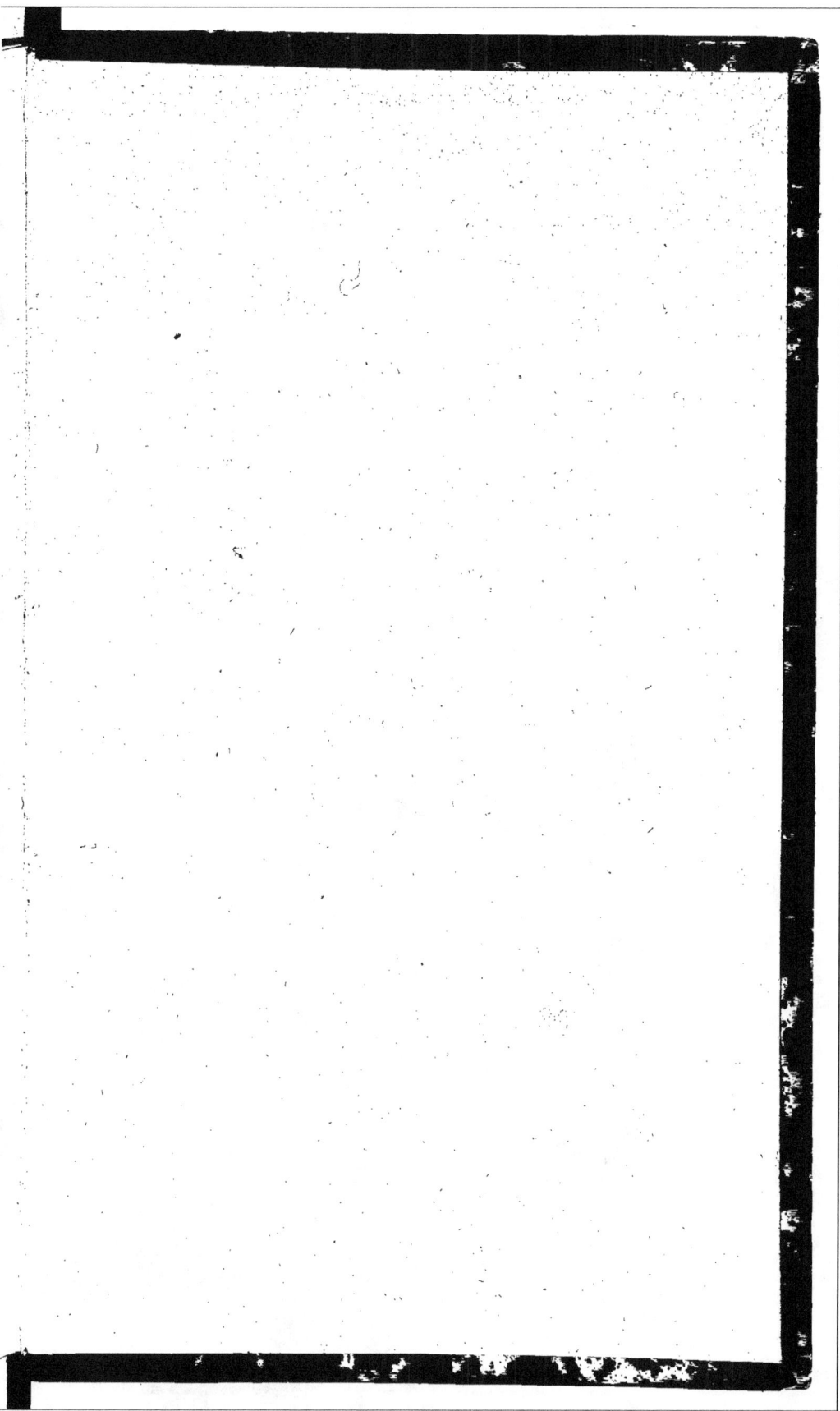

INVE
F 3

BIBLIOTHEQUE NATIONALE DE FRANCE

3 7502 04350953 0

www.ingramcontent.com/pod-product-compliance
Lightning Source LLC
Chambersburg PA
CBHW060404200326
41518CB00009B/1244